高等院校会计学专业规划教材

西方财务会计(第四版)
习题及参考解答

编著 余恕莲 曹 妍
李相志 赵 旸

对外经济贸易大学出版社
中国·北京

图书在版编目（CIP）数据

西方财务会计（第四版）习题及参考解答／余恕莲等编著．—北京：对外经济贸易大学出版社，2014
高等院校会计学专业规划教材
ISBN 978-7-5663-0950-1

Ⅰ.①西… Ⅱ.①余… Ⅲ.①财务会计－西方国家－高等学校－题解 Ⅳ.①F234.4－44

中国版本图书馆 CIP 数据核字（2014）第 008177 号

西方财务会计（第四版）习题及参考解答

余恕莲 曹 妍 李相志 赵 旸 编著
责任编辑：赵 昕

对 外 经 济 贸 易 大 学 出 版 社
北京市朝阳区惠新东街 10 号 邮政编码：100029
邮购电话：010－64492338 发行部电话：010－64492342
网址：http://www.uibep.com E-mail：uibep@126.com

北京市山华苑印刷有限责任公司印装 新华书店北京发行所发行
成品尺寸：185mm×230mm 13.75 印张 276 千字
2014 年 1 月北京第 1 版 2014 年 1 月第 1 次印刷

ISBN 978-7-5663-0950-1
印数：0 001－3 000 册 定价：25.00 元

出版说明

当今世界，科学技术飞速发展，知识经济初见端倪，全球经济一体化加快，国力竞争日趋激烈。在迎接知识化、信息化、全球化的挑战的同时，中国的经济也面临着前所未有的发展机遇。高等院校教材的建设亦是如此。因此，要适应21世纪知识经济的发展和我国社会主义现代化建设的要求，必须加快课程体系改革和教材建设的步伐。

伴随着全球经济一体化的加快，会计国际化的趋势也越来越明显，会计理论研究和教学同样面临着前所未有的机遇和挑战。为应对这种挑战，满足加入WTO后我国会计与国际会计准则和国际会计惯例接轨的需要，进一步完善我国会计体系，为建设一个更加开放、高效、有利于资源流动的市场体系服务，以财政部2006年2月新颁布的《企业会计准则——基本会计准则》、“会计基础工作规范”、“企业财务报告条例”为依据，我们组织编写了“高等院校会计学专业规划教材”这套丛书。

本套丛书的编写参考了国际上通行的会计学专业核心课程的设置，涵盖了会计学专业的全部必修课程，其课程内容和教学安排力求做到既讲清理论，又注重实用，同时还可以有效指导会计实务在新准则、新政策下的实践。

本套丛书的适用面较广，既可适应高等院校会计学专业本科生教学的需要，又可供社会上的各种会计从业人员及各类企业管理人员培训使用。

努力创造精品，为读者奉献优质教材是我们出版社的核心宗旨，希望本套丛书的出版能为各类读者提供有益的帮助。由于时间和水平所限，疏漏和不足之处在所难免，希望广大教师、读者多提宝贵意见，以便日后充实和完善。

对外经济贸易大学出版社

2007年7月

目录
Contents

第一章 财务会计基本理论和财务报告概念框架

一、填空题（请在以下空白处填上适当的概念或术语）

1. 财务会计的四项基本假设是（　　　　）、（　　　　）、（　　　　）和（　　　　）。

2. 会计的五大基本要素是指：（　　　　）、（　　　　）、（　　　　）、（　　　　）、（　　　　）。

3. 资产负债表中的三大部分内容，即：（　　　　）、（　　　　）和（　　　　）。

4. 流动负债是指（　　　　）的负债。

5. 根据国际《财务报告概念框架》，会计信息的质量特征可以分为两类，包括：（　　　　）和（　　　　）。

6. 根据国际《财务报告概念框架》，提高质量的特征包括：（　　　　）、（　　　　）、（　　　　）和（　　　　）。

7. 根据国际《财务报告概念框架》，会计信息的基本质量特征可包括：（　　　　）和（　　　　）。

8. 关于资本保持的概念，通常有（　　　　）资本保持和（　　　　）资本保持。

9. 会计信息相关性的基本要素为：（　　　　）和（　　　　）。

10. 通用会计报表一般是指（　　　　）、（　　　　）和（　　　　）及附表。

二、判断题（对于以下表述，认为表述“正确”，填入“√”；认为表述“错误”，填入“×”）

1. 会计方程式可以表述为：资产+负债=所有者权益。（　　）

2. 根据收入实现原则，在购货合同签订之日即可确认销售收入。（　）

3. 根据配比原则，购置固定资产的支出应在其受益期间加以分配，确认为期间费用。（　）

4. 根据会计信息的相关性质量要求，会计信息应具备预测价值。（　）

5. 留存收益是指留在企业未分配的利润，是所有者权益的组成部分。（　）

6. 根据重大性原则，事件或事项是否重大仅依据其金额大小而不考虑事项性质。（　）

7. 只有可以用货币表示和计量的会计事项或交易才能纳入财务会计账务系统。（　）

8. 资产负债表是反映企业某一期间（如某年或某月）财务状况的财务报表。（　）

9. 资产是指为企业所有，或为企业所控制的，能用货币计量、可为企业带来经济利益的经济资源。（　）

10. 收益表表是反映企业某一期间（如某年或某月）财务成果的财务报表。（　）

三、单项选择题

1. 会计分期的假设（　）。
   A. 既提高了会计信息的有用性也提高了会计信息的可靠性
   B. 提高会计信息的有用性，但可能降低了会计信息的可靠性
   C. 降低了会计信息的有用性，然而提高了会计信息的可靠性
   D. 既降低了会计信息的有用性也降低了会计信息的可靠性

2. 企业将购置设备的成本在其使用期间内加以折旧，这是遵循了（　）。
   A. 配比原则　　B. 相关性原则
   C. 重大性原则　　D. 成本效益原则

3. 以下的哪一对会计概念的关系最为密切？（　）
   A. 会计主体与重大性原则　　B. 成本原则与一致性原则
   C. 收入实现原则与配比原则　　D. 货币计量单位与持续经营假设

4. 以下哪种报表不属于通用目的的财务报表？（　）
   A. 资产负债表　　B. 损益表
   C. 银行贷款申请表　　D. 现金流量表

5. 编制财务报表的基本目的是（　）。
   A. 提供有关某一经济主体的财务信息
   B. 登记一个经济主体的对外交易

C. 为某一特定决策提供信息
D. 为所有者及其所拥有的企业计算应税收益

6. 编制财务会计报表（　　）。
A. 应满足企业董事会和总经理的需要
B. 应依据公认会计准则
C. 应根据注册审计师要求
D. 根据银行贷款要求

7. 除了（　　），都是企业财务报告的使用者。
A. 投资者　　B. 企业股东
C. 债权人　　D. 期货经纪人

8. 列于资产负债表上的资产不必（　　）。
A. 是企业的经济资源　　B. 使企业未来的经营活动受益
C. 具有准确的市场价值　　D. 为企业所拥有

9. 除了（　　），都属于通用目的的财务报表。
A. 资产负债表　　B. 现金流量表
C. 企业贷款申请报告　　D. 损益表

10. 会计主体可以比较适当的表述为（　　）。
A. 自然人　　B. 公开发行股票的上市公司
C. 一个特定的经济实体　　D. 规模较大的跨国公司

四、多项选择题

1. 根据权责发生制（　　）。
A. 现金收讫，才可确认为收入
B. 当期已经赚取的收入，应确认为当期收入
C. 已经发生的费用，尚未支付现金，不能在当期确认
D. 当期已经发生的费用，即使尚未支付现金，也应确认为当期费用

2. 国际《财务报告概念框架》中提出的会计计量属性包括（　　）。
A. 历史成本　　B. 现行成本
C. 可实现净值　　D. 估计的公允价值

3. 表示期间流量的会计要素有（　　）。
A. 资产　　B. 收入　　C. 负债和损失　　D. 费用、利得

4. 会计的基本假设包括（　　）。
A. 会计主体　　B. 持续经营

C. 货币计量单位　　　　D. 资本保持

5. 国际《财务报告概念框架》内容包括（　　）。

A. 财务信息质量要求　　　　B. 会计计量属性

C. 财务报表的要素　　　　D. 审计报告标准

6. 根据国际《财务报告概念框架》中对财务信息质量特征的要求（　　）。

A. 财务信息应具备相关性

B. 财务信息应该具有可比性和及时性

C. 质量特征包括基本质量特征和提升质量特征

D. 鉴于如实表述的质量要求，财务信息不能采用估计的方法

7. 国际会计准则基金会下设的机构包括（　　）。

A. 国际财务报告准则理事会　　　　B. 国际财务报告准则解释委员会

C. 国际财务报告准则咨询委员会　　　　D. 国际证券业协会

8. 根据《财务报告概念框架》，提供通用目的企业财务报告主要考虑以下有关方面决策需要（　　）。

A. 提供长期贷款的银行评估其贷款风险

B. 企业的高层管理人员

C. 潜在股东

D. 股东和债权人

9. 列报于资产负债表上的资产，应该符合以下条件（　　）。

A. 为企业拥有或控制

B. 金额可以用货币计量单位可靠计量

C. 将给企业带来现金流入

D. 可以用货币计量但数额存在极大的不确定性

10. 引起所有者权益数额变动的因素有（　　）。

A. 所有者投入资本　　　　B. 企业赚取利润

C. 向所有者分配现金股利　　　　D. 企业发生亏损

五、问答题

1. 权责发生制与收付实现制有什么不同？
2. 列于资产负债表上的资产项目应该满足哪些条件？
3. 报告于损益表上的收入应该满足那些要求？
4. 根据国际《财务报告概念框架》，财务会计有哪些计量属性？

第二章

会计循环——交易分析与复式记账

一、判断题（对下列表述认为正确的以“√”表示，认为错误的以“×”表示）

1. 借贷记账法中“借贷”两字的含义是表示会计主体与其他交易主体的债权与债务关系。（　）

2. 一个账户的借方如果用来记录增加额，则其贷方一定用来记录减少额。（　）

3. 各类账户的正常期末余额一般与其增加发生额的记录方向一致。（　）

4. 费用类账户的贷方用来记录费用的增加额，借方则记录费用的减少额。（　）

5. 分类账中登记的过账记号为该账户的编号，日记账中登记的过账记号为日记账簿的页码。（　）

6. 当收入增加时，会伴随资产的增加或者负债的减少，同时所有者权益也增加。（　）

7. 借贷记账法下，账户的右方被称为借方，左方被称为贷方。（　）

8. 所有经济业务的发生，都会引起基本会计等式两边金额发生变化。（　）

9. 记录经济业务的步骤依次为：登记分类账，登记日记账和编制财务报表。（　）

10. 所有企业都设置相同的账户。（　）

11. 预收收入代表企业未实现的收入，是企业的一项负债。（　）

12. 当费用增加时，企业的资产将会减少，同时负债增加。（　）

13. 不能给企业带来未来经济利益的资源不能作为企业的资产反映。（　）

14. 试算平衡表的借贷方合计结果不相等，说明之前的会计记录存在错误；若借贷方合计结果相等，则说明没有错误。（　）

15. 企业支付为期一年的保险费时，会使费用增加，同时资产减少。（　）

16. 所有者以现金向企业投入资本时，导致企业收入增加，同时资产增加。（　）

17. 企业应在支付水电费，而不是收到水电费账单时编制会计分录。（　）

18. 若企业漏记一笔经济业务，不会影响试算平衡表的借贷方平衡关系。（ ）
19. 所有的会计分录只涉及一借一贷两个账户。（ ）
20. 对于某一项资源，要确认为企业的资产，其所有权必须属于企业。（ ）

二、单项选择题

1. 对日记账来说，不正确的陈述是（ ）。
   A. 可以完整、清晰地反映出某个账户的增加额与减少额
   B. 按经济业务发生日期序时登记
   C. 可以完整地记录一笔经济业务
   D. 是登记分类账的依据
2. 在 2012 年度，拉瑞公司总资产减少了 \$2 000，总负债减少了 \$6 000，如果当年所有者未作任何增加投资，且当年宣布并分配的现金股利为 \$10 000，则公司当年的净收益是（ ）。
   A. \$14 000　B. \$6 000　C. \$18 000　D. \$2 000
3. 对账户贷记意味着（ ）。
   A. 费用的增加　B. 负债的减少
   C. 所有者权益的减少　D. 资产的减少
4. 以下关于现金账户的陈述正确的是（ ）。
   A. 现金账户的借方发生额合计总是大于贷方发生额合计
   B. 现金账户会出现贷方余额
   C. 现金增加应借记现金账户
   D. 以上说法都正确
5. 对账户借记意味着（ ）。
   A. 资产的减少　B. 负债的减少
   C. 所有者权益的增加　D. 收入的增加
6. 以下关于账户结构的陈述正确的是（ ）。
   A. 预付保险费账户：贷方记减少额，正常余额在贷方
   B. 应付账款账户：贷方记增加额，正常余额在借方
   C. 物料费用账户：借方记增加额，正常余额在借方
   D. 现金账户：借方记减少额，正常余额在贷方
7. 已为客户提供服务，并向客户开出账单。该笔经济业务的正确会计分录是（ ）。
   A. 借记“应收账款”，贷记“营业收入”
   B. 借记“应付账款”，贷记“现金”

C. 借记“营业收入”，贷记“应收账款”

D. 借记“现金”，贷记“营业收入”

8. 在借贷记账法下，负债类账户的期末余额等于（　　）。

A. 期初借方余额 + 本期借方发生额 − 本期贷方发生额

B. 期初贷方余额 + 本期贷方发生额 − 本期借方发生额

C. 期初借方余额 + 本期贷方发生额 − 本期借方发生额

D. 期初贷方余额 + 本期借方发生额 − 本期贷方发生额

9. 某企业出租房屋预先收到客户支付的 3 个月租金。该笔经济业务的正确会计分录是（　　）。

A. 借记“预付房租”，贷记“现金”

B. 借记“现金”，贷记“预收收入”

C. 借记“现金”，贷记“预付房租”

D. 借记“现金”，贷记“房租费用”

10. 正常余额通常在贷方的账户是（　　）。

A. 资产类账户和负债类账户　　B. 负债类账户和费用类账户

C. 收入类账户和负债类账户　　D. 所有者权益类账户和资产类账户

11. 下列是随机排列的会计循环步骤编号：① 编制财务报表；② 过账；③ 编制日记账分录；④ 编制试算平衡表。则正确的会计循环顺序是（　　）。

A. ②③④①　　B. ③②④①　　C. ③②①④　　D. ④③②①

12. 下列各笔经济业务中，会引起资产和负债同时增加的是（　　）。

A. 以现金 $20 000 购买物料用品

B. 收回客户所欠服务费 $30 000

C. 以现金 $50 000 归还银行借款

D. 购买价值 $40 000 的设备，货款未支付

13. 如果一笔经济业务的发生只涉及资产这一会计要素，将引起该要素中某些项目发生（　　）变动。

A. 同增　　B. 同减　　C. 一增一减　　D. 不增不减

14. 如果试算平衡表借贷方合计不相等，可能的原因是（　　）。

A. 重复记录一笔经济业务

B. 会计分录中的账户名称用错，然后按此过账

C. 某个账户的期末余额计算有误

D. 某笔经济业务的借方和贷方发生额同时记错了相同的数额

15. 拉里公司 12 月 31 日的试算平衡表中列示了 $5 000 的营业收入余额，经查发现

当月有一笔已赚取了 \$10 营业收入的业务错误地将 \$10 过入到了营业收入账户的借方，则 12 月 31 日的营业收入账户的正确余额是（　　）。

A. \$4 980　　B. \$4 990　　C. \$5 020　　D. \$5 010

三、多项选择题

1. 下列经济业务中，会引起基本会计等式两边同时发生增减变动的是（　　）。
   A. 所有者向企业投入现金
   B. 用现金购买为期一年的综合商业保险
   C. 偿还前欠的应付账款
   D. 从银行取得短期贷款
2. 账户中各项金额的关系可用下列（　　）等式表示。
   A. 期末余额 = 本期增加发生额 - 本期减少发生额
   B. 本期期末余额 = 下期期初余额
   C. 期末余额 = 期初余额 + 本期增加发生额 - 本期减少发生额
   D. 期末余额 + 本期减少发生额 = 期初余额 + 本期增加发生额
3. 借贷记账法的优点包括（　　）。
   A. 可进行试算平衡　　B. 可检查账户记录的正确性
   C. 可了解经济业务的来龙去脉　　D. 可简化账簿登记工作
4. 下列经济业务中，将会引起资产一增一减的有（　　）。
   A. 以现金购买机器设备　　B. 从银行取得贷款
   C. 销售商品取得现金　　D. 以现金支付为期一年的房租
5. 借贷记账法下的试算平衡公式有（　　）。
   A. 某账户借方发生额 = 该账户贷方发生额
   B. 全部账户借方发生额合计 = 全部账户贷方发生额合计
   C. 全部账户借方余额合计 = 全部账户贷方余额合计
   D. 借方期末余额 = 借方期初余额 - 本期借方发生额 + 本期贷方发生额
6. 下列错误中不能通过试算平衡发现的有（　　）。
   A. 某笔经济业务未入账
   B. 某笔业务应借应贷的账户借贷方向颠倒
   C. 借贷双方同时多计了相同的金额
   D. 借贷双方中一方多计金额，另一方无误
7. 下列选项中，属于会计规范许可的会计分录形式有（　　）。
   A. 一借一贷　　B. 多借多贷

C. 一借多贷　　D. 多借一贷

8. 下列各项中，属于所有者权益类的账户有（　）。

A. 普通股　　B. 预收收入

C. 留存收益　　D. 应付账款

9. 下列各项中，属于负债类的账户有（　　）。

A. 预付保险费　　B. 预收收入

C. 营业收入　　D. 应付账款

10. 下列各项中，属于资产类的账户有（　）。

A. 应收账款　　B. 预付房租

C. 预收收入　　D. 机器设备

11. 以下关于预收收入账户的陈述正确的有（　　）。

A. 预收收入是收入类账户　　B. 预收收入是负债类账户

C. 预收收入账户贷方记增加　　D. 预收收入账户正常余额在贷方

12. "资产 = 负债 + 所有者权益"这一基本会计等式是（　　）的理论依据。

A. 借贷记账规则　　B. 试算平衡

C. 复式记账　　D. 编制资产负债表

13. 一项所有者权益增加的同时，可能会引起（　　）。

A. 一项资产的减少　　B. 一项负债的减少

C. 一项资产的增加　　D. 另一项所有者权益的减少

14. 每个账户一般可以提供的金额指标有（　　）。

A. 期初余额　　B. 本期增加发生额

C. 期末余额　　D. 本期减少发生额

15. 在借贷记账法下，账户的贷方表示（　　）。

A. 资产的减少和收入的增加　　B. 费用的增加和负债的减少

C. 负债的增加和费用的减少　　D. 所有者权益的增加

四、计算分析及会计处理题

1. 根据基本会计等式，在下表中填上正确的金额。

资产 =	负债 +	所有者权益
	\$657 000	\$730 000
\$896 000		\$536 000
\$271 000	\$15 000	

2. 请各列举一笔经济业务，它会导致：

（1）增加一项资产，同时增加一项所有者权益；

（2）增加一项资产，但不会改变资产总额；

（3）增加一项资产，同时增加一项负债；

（4）减少一项资产，同时减少一项所有者权益；

（5）减少一项资产，同时减少一项负债；

（6）减少一项负债，但不会改变负债总额。

3. 在下表的空格处填写上正确的“借方”或“贷方”。

账户类型	增加	减少	正常余额
资产			
负债			
所有者权益			
收入			
费用			

4. 指出下列各账户的类型以及增加额与减少额的记账方向。

（1）预收收入　　（6）普通股

（2）预付保险费　　（7）房租费用

（3）留存收益　　（8）营业收入

（4）累计折旧　　（9）物料费用

（5）物料用品　　（10）应付账款

5. 指出下列账户的类型和正常余额的方向。

（1）应收账款　　（6）办公设备

（2）工薪费用　　（7）物料用品

（3）应付工薪　　（8）留存收益

（4）营业收入　　（9）预付广告费

（5）普通股　　（10）预收收入

6. 下列账户都有正常的余额方向，根据账户记录内容的对应关系填写出下列空格处的金额。

（单位：$）

账　　户	期初余额	期末余额	借方发生额	贷方发生额
普通股		629 000	220 000	109 000
应收账款	2 300	1 800	6 000	
应付账款	6 200	8 500		45 000
物料用品		900	400	2 100
留存收益	6 700		29 000	46 000

7. 按要求计算下列各项金额。

（1）西瑞公司 5 月 1 日现金账户余额为 \$6 950，5 月份收到的现金总额为 \$52 010，5 月 31 日现金余额 \$7 500，计算 5 月份支付的现金总额。

（2）10 月 1 日，西瑞公司应收账款账户余额 \$21 500，10 月份从顾客处收回的赊销款总计 \$82 000，若 10 月 31 日应收账款账户余额为 \$15 000，计算 10 月份的赊销额。

（3）12 月份中，西瑞公司偿还赊购款总计 \$98 000，12 月的赊购额为 \$85 000，若 12 月 31 日应付账款账户余额为 \$23 000，计算应付账款账户 12 月的期初余额。

8. 海威公司 2013 年 7 月发生的经济业务过入 T 型账户后如下所示（单位：\$）：

现金

（1）80 000	（5）3 000
（2）1 000	
（4）1 900	
（7）1 800	

应收账款

（3）2 000	（4）1 900

普通股

	（1）80 000

物料费用

（6）2 100	

物料用品

（5）3 000	（6）2 100

营业收入

	（3）2 000
	（7）1 800
	（8）8 000

预收收入

	（2）1 000

应收票据

（8）8 000	

要求：根据 T 型账户所反映的内容，重编会计分录并写出经济业务摘要。

9. 西乐咨询公司 2012 年 12 月 1 日开业经营，12 月份发生以下经济业务。

（1）12 月 1 日，发行股票收到股东投入现金 $50 000。

（2）12 月 2 日，赊购价款为 $1 260 的物料用品。

（3）12 月 5 日，以现金 $32 000 预付办公场所一年的房租。

（4）12 月 6 日，为顾客提供咨询服务，收取现金 $2 000。

（5）12 月 12 日，以现金 $1 260 偿还赊购物料用品款。

（6）12 月 17 日，为顾客提供咨询服务，开出 $6 200 的账单，尚未收款。

（7）12 月 27 日，收到顾客偿还所欠的账款 $6 200 现金。

（8）12 月 31 日，以现金支付公司员工当月工资 $10 000。

要求：

（1）编制记录上述经济业务的会计分录。

（2）发生了上述业务之后，西乐咨询公司还剩余多少现金？请采用 T 型账户回答问题。

10. 迅洁公司 2013 年 1 月份发生以下经济业务。

（1）1 日，公司开业，发行股票收到股东投入现金 $150 000。

（2）1 日，以现金 $15 000 购买全年保险费。

（3）3 日，购置价款为 $92 000 的设备，以现金支付七成货款，其余款项经协商下月初支付。

（4）4 日，赊购价款为 $5 000 的物料用品。

（5）5 日，向一家客户提供服务，完成后开出 $8 200 的账单，尚未收到账款。

（6）14 日，预收 A 商店服务费 $18 000，约定第二天开始提供为期三周的服务。

（7）19 日，以现金 $5 000 偿还赊购物料用品款。

（8）20 日，完成对 H 公寓的服务，收到现金 $8 600。

（9）26 日，以现金支付公司员工当月工资 $16 000。

（10）30 日，以现金支付当月水电费 $1 920。

要求：

（1）为上述经济业务编制会计分录。

（2）将上述会计分录过入 T 型账户。

（3）编制 2013 年 1 月 31 日的试算平衡表。

11. 以下是企业记账过程中发生的一些错误。

（1）向供应商偿还 $3 600 货款的经济业务，过账到应付账款账户借方 $3 600 和现金账户借方 $3 600。

（2）以现金 $100 000 购买营业设备的经济业务，过账到营业设备账户借方 $10 000，现金账户贷方 $10 000。

（3）支付 $21 000 全年保险费的业务，日记账分录为借记保险费用 $21 000，贷记现金 $21 000，并按此分录过账。

（4）对某一顾客的应收账款 $768 于本期收到，会计分录为借记现金 $768，贷记营业收入 $768，并按此分录过账。

（5）以现金 $1 360 购买物料用品的业务，会计分录为借记物料用品 $1 630，贷记现金 $1 630。

要求：分析以上各独立错误是否会影响试算平衡表的平衡关系。

12. 罗宾信息服务公司 2013 年 1 月 1 日的账户余额如下表所示。

账　　户	借方余额	贷方余额
现金	$1 000	
应收账款	4 000	
预付房租	4 000	
物料用品	400	
计算机设备	105 000	
累计折旧		$30 000
应付账款		3 000
普通股		60 000
留存收益		21 400
合　　计	$114 400	$114 400

该公司 1 月份发生了如下的经济业务。

（1）1 日，收到客户瑞安公司偿还前欠的账款 $1 800。

（2）2 日，从汉森公司赊购物料用品 $2 000。

（3）3 日，向客户汤姆公司提供信息服务后收到现金 $7 100。

（4）6 日，支付因版权纠纷所雇律师费 $8 000。

（5）10 日，向比尔商店提供信息服务，开出 $13 500 账单，尚未收款。

（6）15 日，支付计算机设备修理费 $500。

（7）20 日，比尔商店偿付所欠部分账款 $3 500。

（8）28 日，收到本月水电费账单 $2 500，款项尚未支付。

（9）29 日，偿还汉森公司赊购物料用品款 $2 000。

（10）30 日，预收某医院信息服务费 $6 000，约定从下月开始提供为期两周的服务。

(11) 31 日，以现金支付当月公司员工工资 $3 000。

要求：

(1) 开设 T 型账户，登记 2013 年 1 月 1 日各账户期初余额。

(2) 编制 1 月份上述经济业务的会计分录。

(3) 将会计分录过入 T 型账户并结出期末余额。

(4) 编制 2013 年 1 月 31 日试算平衡表（只编余额试算表）。

13. 艾伯特电器维修公司 2013 年 3 月 1 日的账户余额如下表所示。

账　户	借方余额	贷方余额
现金	$5 500	
应收账款	4 300	
预付保险费	12 000	
物料用品	4 000	
运货汽车	50 000	
维修设备	60 000	
累计折旧——运货汽车		$10 000
——维修设备		5 000
应付账款		9 300
普通股		90 000
留存收益		21 500
合　计	$135 800	$135 800

该公司 3 月份发生了如下经济业务。

(1) 1 日，预付当日起 3 个月的房租 $5 100。

(2) 3 日，收回对客户莱尔公司的应收账款 $4 300。

(3) 5 日，向客户西斯公司提供维修服务，并收到现金 $10 200。

(4) 7 日，以现金支付法律费 $1 200。

(5) 11 日，以现金购买物料用品 $3 600。

(6) 17 日，以现金支付上半月水电费 $1 500。

(7) 19 日，为加里公司提供维修服务，并开出 $8 300 的账单。

(8) 21 日，预收约翰公司从第 2 日开始的为期 30 天的维修服务费 $9 300。

（9）22 日，偿还欠艾美物料公司的应付账款 $6 300。

（10）28 日，收到加里公司偿还所欠服务费 $8 300。

（11）29 日，向哈奇公司偿还应付账款 $2 000。

（12）30 日，以现金支付当月公司员工工资 $8 000。

（13）31 日，宣布并向股东支付现金股利 $5 600。

要求：

（1）开设相应的 T 型账户，并登记 2013 年 3 月 1 日各账户余额。

（2）为 3 月份发生的经济业务编制会计分录。

（3）将会计分录过入 T 型账户并结出余额。

（4）编制 2013 年 3 月 31 日试算平衡表（只编余额试算表）。

14. 沃森家具维修商店 2013 年 5 月 1 日的账户余额如下表所示。

账　　户	借方余额	贷方余额
现金	$4 000	
应收账款——甲	1 000	
预付保险费	40	
物料用品	500	
维修设备	3 900	
累计折旧		$715
应付票据		1 500
应付账款——B		925
普通股		5 000
留存收益		1 300
合　　计	$9 440	$9 440

该商店 5 月份发生了下列经济业务。

（1）支付 5 月份房租 $400。

（2）收到顾客甲偿还赊账款 $600。

（3）偿付不带息的到期应付票据 $500。

（4）对顾客乙开出修理服务账单 $2 400。

（5）提供修理服务并收取现金 $300。

（6）向供应商 A 赊购物料用品 $450。

（7）偿还所欠债权人 B 的账款 $700。

（8）收到顾客乙偿还赊账款 $300。

（9）支付 $100 运费给承运家具的运输公司。

（10）支付 5 月份的员工工薪 $640。

（11）5 月 31 日更换当天到期的为期一年的保险单，支付下年全年保险费 $480。

（12）为丙公司承修一批家具，预收修理费 $1 600，预计在三个月内完成。

（13）宣布并向股东支付现金股利 $500。

要求：

（1）开设相应的 T 型账户，并登记 2013 年 5 月 1 日各账户余额。

（2）为 5 月份发生的经济业务编制会计分录。

（3）将会计分录过入 T 型账户并结出余额。

（4）编制 2013 年 5 月 31 日试算平衡表（只编余额试算表）。

15. 凯利代理服务公司的会计人员编制的 2012 年 12 月 31 日的试算平衡表的初稿不平衡，该表如下所示。

账　　户	借方余额	贷方余额
现金	$59 120	
应收账款	42 300	
预付保险费	10 000	
物料用品	7 000	
办公设备	89 000	
应付账款		$21 967
预收收入		37 600
普通股		80 000
留存收益		10 500
营业收入		79 300
工薪费用		48 150
房租费用	9 000	
合　　计	$216 420	$277 517

经核对账目，发现存在下列问题：

（1）现金账户期初余额为 \$3 680，借方发生额合计与贷方发生额合计分别为 \$59 120 和 \$52 583。

（2）12 月 31 日向某一顾客提供代理服务后开出的账单 \$3 800 遗漏未入应收账款账户，并且顾客尚未偿付此账单。

（3）预收收入账户的余额应为 \$36 700。

（4）办公设备账户的正确余额为 \$98 000。

要求：重新编制正确的试算平衡表（假设所有账户都有正常余额）。

第三章

会计循环——损益确定和账项调整

一、判断题（对下列表述认为正确的以“√”表示，认为错误的以“×”表示）

1. 权责发生制基础要求凡是当期已经实现的收入或已经发生的费用，不管当期是否收到或付出现金，都应确认为当期的收入或费用。（　）

2. 所有者权益增加一定表明企业获得了收入。（　）

3. 累计折旧账户的余额在贷方，因而属于负债类账户。（　）

4. 现金制基础是以现金的实际收付来确认收入和费用的归属期，因此，期末必须进行账项调整。（　）

5. 由于划分了会计期间，企业必须按期合理确定当期损益。（　）

6. 会计期末编制调整分录的目的主要是用于调整资产类和负债类账户。（　）

7. 应计收入与预收收入的区别是：期末调整前应计收入已经被记录，而预收收入尚未被记录。（　）

8. 如果调整分录借记的是资产类账户，那么贷记的一定是负债类账户。（　）

9. 某企业在10月1日支付了12个月的房租$12 000，当年12月31日的调整分录应该是：借记“租金费用” $3 000，贷记“预付房租” $3 000。（　）

10. 企业的机器设备每年计提折旧费用$52 000，会计年度末的调整分录是：借记“折旧费用” $52 000，贷记“机器设备” $52 000。（　）

11. 企业本期最后两个工作日的收入尚未开出账单，本期期末的调整分录应该是：借记应收账款账户，贷记营业收入账户。（　）

12. 工作底稿是会计人员汇总账户余额和账项调整数据，以便快速编制财务报表的工具。（　）

13. 编制财务报表的数据主要来源于调整前试算表。（　）

14. 当企业净收益或净亏损的金额被填入工作底稿资产负债表栏后，其借方栏的金额合计必须等于贷方栏的金额合计。（　）

15. 净亏损额应该分别填入工作底稿收益表栏中的贷方栏和资产负债表栏中的贷方栏。（　　）

16. 金额列报在资产负债表上的账户都是永久性账户。（　　）

17. 编制结账分录并过账必须在编制财务报表之前完成。（　　）

18. 收入类账户和费用类账户的余额应直接结转到留存收益账户。（　　）

19. 日记账、分类账和工作底稿都属于正式的会计记录。（　　）

20. 企业的经营成果只能表现为盈利，亏损则不能称为经营成果。（　　）

二、单项选择题

1. 以下有关配比原则的陈述正确的是（　　）。

A. 配比原则说明了日记账与总分类账之间的关系

B. 配比原则用于确定账户的正常余额是借方还是贷方

C. 配比原则要求试算平衡表中的借方栏金额合计等于贷方栏金额合计

D. 配比原则要求与收入相关的费用应该在收入实现的同一期间被记录

2. 根据权责发生制会计基础，费用被记录和报告的时间是（　　）。

A. 当费用发生时，不论是否支付现金

B. 当费用发生并且被支付时

C. 在费用发生前被支付时

D. 在费用发生后被支付时

3. 期末进行账项调整的依据是（　　）。

A. 记账规则　　B. 会计信息质量特征

C. 权责发生制基础　　D. 收付实现制基础

4. 如果一笔调整分录的借方记录使费用类账户余额增加，那么其贷方记录的影响是（　　）。

A. 减少所有者权益类账户余额　　B. 增加负债类账户余额

C. 增加资产类账户余额　　D. 增加收入类账户余额

5. 如果一笔调整分录的贷方记录使收入类账户余额增加，那么其借方记录的影响是（　　）。

A. 增加负债类账户余额　　B. 增加资产类账户余额

C. 减少所有者权益类账户余额　　D. 增加费用类账户余额

6. 一笔调整分录至少会影响到（　　）。

A. 一个损益类账户和一个资产或负债类账户

B. 一个收入类账户和一个费用类账户

C. 一个费用类账户和一个所有者权益类账户
D. 一个收入类账户和一个所有者权益类账户

7. 下列账户中，不会出现在期末账项调整分录中的是（　　）。
A. 工薪费用　B. 应收账款　C. 累计折旧　D. 收益汇总

8. 下列账户中，很可能会出现在应计项目调整分录中的是（　　）。
A. 保险费用　B. 预付房租　C. 工薪费用　D. 预收收入

9. 下列账户中，很可能会出现在递延项目调整分录中的是（　　）。
A. 应收利息　B. 累计折旧　C. 应付工薪　D. 应收账款

10. 某企业会计年度末调整前的预付保险费账户余额为 \$25 000，经分析可知，还有尚未到期的保险费 \$6 000，则年末调整分录为（　　）。
A. 借记“保险费用” \$6 000，贷记“预付保险费” \$6 000
B. 借记“保险费用” \$25 000，贷记“预付保险费” \$25 000
C. 借记“预付保险费” \$19 000，贷记“保险费用” \$19 000
D. 借记“保险费用” \$19 000，贷记“预付保险费” \$19 000

11. 某公司当年净收益为 \$100 000，期末调整时漏记物料费用 \$3 200 和应付工薪 \$800，则当年净收益的正确金额是（　　）。
A. \$96 800　B. \$100 000　C. \$97 200　D. \$96 000

12. 物料用品账户的年初余额为 \$1 000，当年购入物料用品 \$2 800，如果年末还剩余 \$750 物料用品，那么当年收益表中报告的物料费用是（　　）。
A. \$750　B. \$3 550　C. \$3 800　D. \$3 050

13. 预付房租账户本期期末调整前的余额为 \$3 200，该笔金额是在本期期初第一天支付的。如果每期的租金费用为 \$800，则本期期末资产负债表中预付房租项目应列报的金额是（　　）。
A. \$2 400　B. \$1 600　C. \$4 000　D. \$3 200

14. 购买的物料用品被记作企业的资产。因此，期末调整分录中贷记物料用品账户的金额应等于当期（　　）。
A. 期末余额　B. 购买的金额　C. 耗用的金额　D. 以上都不对

15. 会计循环的最后一个步骤是（　　）。
A. 编制财务报表　B. 编制调整分录并过账
C. 编制结账后试算表　D. 编制结账分录并过账

三、多项选择题

1. 下列账户中，有正常贷方余额的是（　　）。

A. 现金　B. 留存收益　C. 累计折旧　D. 预收收入

2. 会计人员利用工作底稿可以（　　）。

A. 检查账簿记录是否正确

B. 为编制资产负债表和收益表提供必要的资料

C. 加快中期财务报表的编制和报送的进度

D. 取代日记账及分类账簿的工作

3. 下列账户中，期末结账后无余额的有（　　）。

A. 累计折旧　B. 折旧费用　C. 营业收入　D. 收益汇总

4. 下列各项中，应确认为当期费用的有（　　）。

A. 已使用的保险　B. 购买保险支出

C. 购入物料用品　D. 已使用的房租

5. 借贷记账法下，属于资产类账户的有（　　）。

A. 预付房租　B. 办公设备　C. 累计折旧　D. 预收收入

6. 会计年度末，其余额不会结转到"收益汇总"的账户有（　　）。

A. 留存收益　B. 营业收入　C. 预收收入　D. 累计折旧

7. 以下属于工作底稿栏目的有（　　）。

A. 调整分录栏　B. 结账分录栏

C. 借贷方向栏　D. 调整前试算平衡表栏

8. 关于编制完成的工作底稿，下列陈述正确的有（　　）。

A. 如果获得净收益，收益表栏全部贷方金额合计大于全部借方金额合计

B. 如果发生净亏损，资产负债表栏全部借方金额合计大于全部贷方金额合计

C. 无论是净收益还是净亏损，收益表栏全部借方金额合计应等于全部贷方金额合计

D. 调整栏全部借方金额合计应等于全部贷方金额合计

9. 收益表的编报格式有（　　）。

A. 多步式　B. 账户式　C. 单步式　D. 报告式

10. 期末账项调整的类型有（　　）。

A. 记录预付费用中当期已发生的费用

B. 记录当期已发生的应计费用

C. 记录预收收入中当期已赚取的收入

D. 记录当期已赚取的应计收入

11. 结账分录涉及的会计要素有（　　）。

A. 资产　B. 负债　C. 所有者权益　D. 收入和费用

12. 以下属于收益支出的经济业务有（ ）。

A. 购买一年的财产保险　　B. 支付一年的报刊订阅费

C. 购买物料用品　　D. 购买机器设备

13. 根据权责发生制基础，以下不属于本期收入与费用的经济业务有（ ）。

A. 支付明年的房屋租金　　B. 本期已经收款但尚未提供服务

C. 支付上期员工工薪　　D. 商品在本期销售但货款尚未收到

14. 下列有关累计折旧账户的陈述中，正确的有（ ）。

A. 累计折旧账户属于资产类账户

B. 累计折旧账户通常有贷方余额

C. 累计折旧账户是厂场资产的备抵账户

D. 在资产负债表中，累计折旧账户期末余额列报为厂场资产账户余额的减项

15. 以下经济业务中，将会影响所有者权益的有（ ）。

A. 企业向所有者分配现金股利

B. 所有者向企业投入现金

C. 企业已向顾客提供完成服务，但尚未收取款项

D. 企业向银行取得贷款

四、计算分析及会计处理题

1. 计算并回答下列问题。

（1）2012 年 12 月 31 日，顺德公司资产总计为 $730 000，负债合计为 $370 000，公司普通股为 $100 000，则 2012 年 12 月 31 日资产负债表上的留存收益为多少？

（2）2011 年 12 月 31 日，德兰公司资产总计为 $690 000，负债合计为 $350 000。在 2012 年度中，公司资产减少了 $17 000，负债增加了 $56 000，则 2011 年 12 月 31 日与 2012 年 12 月 31 日资产负债表上的所有者权益各为多少？

（3）2011 年 12 月 31 日，瑞普公司资产总计为 $496 000，负债合计为 $210 000。在 2012 年度中，公司资产增加了 $62 000，负债减少了 $32 000，2012 年所有者增加的投资（增发股票）金额比分配的股利金额高出 $56 000，则 2012 年度的净收益是多少？

2. 下列是斯坦公司 2013 年 1 月份发生的部分经济业务：

（1）1 月 1 日，购买一台价值 $5 000 的新办公设备。

（2）1 月 2 日，收到上月水电费账单共计 $390，以现金支付。

（3）1 月 3 日，支付公司员工上月工资 $8 600。

（4）1 月 6 日，向客户提供完成咨询服务并收取现金 $730。

（5）1 月 10 日，向客户提供完成咨询服务后，开出 $3 000 账单。

(6) 1月15日，支付当月电话费 $800。

(7) 1月28日，收到客户支付的 $3 600 咨询费，约定从下月开始提供咨询。

(8) 1月31日，支付从2月1日起的三个月办公室租金 $4 200。

要求：

(1) 基于权责发生制基础，分析上述经济业务是否属于2013年1月份的收入和费用？

(2) 基于上述经济业务分析，若当月末进行账项调整则可能会考虑哪些业务？

3. 凯达公司2013年3月份发生如下经济业务：

(1) 收取顾客预付的 $7 200 服务费，定于下月开始提供装修服务。

(2) 以现金支付当月电费 $690。

(3) 收到当日已完工服务费 $2 900 现金。

(4) 向顾客提供完成装修服务，账单上的应收款为 $1 800。

(5) 月末购置装修设备一台，支付现金 $6 000。

(6) 当月应付的员工工资为 $3 900。

(7) 以现金支付下一季度办公室租金 $3 000。

要求：以权责发生制为基础，分析每项经济业务是否属于2013年3月份的收入或费用。

4. 卡特公司的会计人员2012年12月31日编制财务报表前忘记编制下列期末账项调整分录：

(1) 应付的员工工资 $6 800。

(2) 应收利息收入 $900。

(3) 应计提折旧 $4 800。

(4) 已赚取的预收收入 $4 900。

(5) 已发生的预付保险费 $1 400。

要求：分析漏登每笔账项调整分录将对2012年的收益表和资产负债表产生怎样的影响。

5. 乔治公司2012年1月1日开业，以一年为会计循环周期编制调整分录。与2012年会计年度账项调整有关的资料如下：

(1) 1月10日，购买了 $3 000 办公用品，且当年只有此一笔购买办公用品的业务发生，12月31日经盘点确定办公用品剩余 $900。

(2) 7月1日，收到一客户预付从当日起未来12个月的服务费 $48 000。

(3) 10月1日，收到一客户签发的面值 $10 000、9个月期、利率12%的票据一张，用以延期支付服务费。

（4）12 月 31 日，尚未支付员工的当月工资 \$13 000。

（5）公司办公楼的年折旧额为 \$25 000。

要求：根据以上资料，编制乔治公司 2012 年年末有关账项调整分录。

6. 奥森公司 2012 年 12 月 31 日编制调整分录的有关资料如下：

（1）奥森公司每月 6 日支付员工的上月工资，12 月份的工资为 \$8 670。

（2）物料用品的年初余额为 \$2 300，当年购入物料用品合计 \$6 900，年末物料用品盘点剩余 \$700。

（3）某顾客预付为期若干月的工程款 \$48 000，至 2012 年 12 月 31 日该工程已完成四分之三。

（4）计提当年固定资产折旧 \$19 500。

（5）预付保险费账户年初余额 \$600 元，该保险 2012 年 4 月 30 日到期，4 月 30 日支付从 5 月 1 日开始为期一年的保险费 \$2 400 元。

要求：根据上述资料，编制各项调整分录。

7. 承接第二章计算分析及会计处理题第 12 题，罗宾信息服务公司 2013 年 1 月末有关账项调整事项的补充资料如下所示：

（1）物料用品 1 月 31 日盘点剩余 \$1 000。

（2）在 2012 年 3 月 1 日支付从当日起为期一年的房租 \$24 000。

（3）计算机设备当月折旧 \$2 500。

要求：

（1）编制期末调整分录。

（2）将调整分录过入 T 型账户并结出期末余额，编制调整后试算平衡表。

（3）编制收益表、留存收益表及资产负债表。

（4）编制结账分录。

（5）将结账分录过入 T 型账户，编制结账后试算平衡表。

8. 承接第二章的计算分析及会计处理题第 13 题，艾伯特电器维修公司 2013 年 3 月末有关账项调整事项的补充资料如下所示。

（1）物料用品 3 月 31 日盘点剩余 \$560。

（2）艾伯特公司于 2 月 28 日支付了从 3 月 1 日起为期一年的保险费 \$12 000。

（3）运货汽车为 2012 年 5 月 1 日购买并投入使用，预计残值 \$2 000，预计使用寿命 4 年，采用直线法计提折旧。

（4）维修设备为 2012 年 10 月 1 日购买并投入使用，预计使用寿命 5 年，无残值，采用直线法计提折旧。

（5）3 月份应计未付的水电费 \$1 090。

要求：

（1）编制期末调整分录。

（2）将调整分录过入T型账户并结出期末余额，编制调整后试算平衡表。

（3）编制收益表、留存收益表及资产负债表。

（4）编制结账分录。

（5）将结账分录过入T型账户，编制结账后试算平衡表。

9. 戈登建筑设计公司2013年6月1日开业，6月份发生如下经济业务：

（1）1日，向股东发行股票收到现金 $60 000。

（2）2日，支付当月房租 $500。

（3）3日，赊购价值 $50 000 的办公设备。

（4）7日，完成一项建筑设计服务，收取现金 $7 000。

（5）10日，支付 $4 000 现金购买物料用品。

（6）28日，以现金支付赊购办公设备款 $50 000。

（7）30日，支付当月水电费 $200。

（8）30日，对某顾客开出本月完成的建筑设计工作账单 $3 800。

要求：

（1）对上述业务编制会计分录并过入T型账户。

（2）利用下列资料编制账项调整分录并过入T型账户。

① 6月30日，物料用品盘点剩余 $600。

② 6月份应计未付的员工工资是 $2 900。

③ 6月份计提办公设备折旧 $550。

④ 6月期间，戈登公司已经为一大型建筑设计工作了6小时，此项工作计划于7月末全部完成，每小时收费 $220，完成设计后付全款。

（3）编制调整后试算平衡表。

（4）编制6月份收益表、留存收益表和6月30日资产负债表。

（5）编制结账分录并过入T型账户。

（6）编制结账后试算平衡表。

10. 沃伦家具维修店2013年1月1日总分类账户余额如下表所示。

账　　户	借方余额	贷方余额
现金	$5 000	
应收账款	2 000	
预付保险费	400	

续表

账　　户	借方余额	贷方余额
物料用品	500	
设备	39 000	
累计折旧——设备		$7 150
应付账款		4 085
普通股		35 000
留存收益		665
合　　计	$46 900	$46 900

沃伦家具维修店 2013 年 1 月份发生下列经济业务：

（1）支付 1 月份房租 $500。

（2）收回顾客所欠赊账款 $900。

（3）偿付应付账款 $3 000。

（4）提供完修理服务并对顾客开出修理服务账单 $1 400。

（5）提供完修理服务并收取现金 $3 800。

（6）赊购物料用品 $450。

（7）偿付应付账款 $1 085。

（8）收回顾客所欠赊账款 $1 100。

（9）支付 $200 运费给 1 月份承运被修家具的运输公司。

（10）支付 1 月份员工工资 $860。

（11）为甲公司承修一批家具，收取修理费 $2 600 现金，预计 30 天完成。

（12）1 月 31 日续保这天到期的为期一年的保险单，支付全年保费 $1 800。

要求：

（1）为上述业务编制会计分录。

（2）开设相关 T 型账户，登记期初余额并将上述分录过入 T 型账户。

（3）编制调整前试算平衡表。

（4）1 月 31 日有关账项调整的资料如下，据以编制调整分录并过入 T 型账户。

① 1 月 31 日物料用品盘点剩余 $200。

② 设备预计使用寿命 5 年，无残值，按直线法计提折旧。

③ 确认 1 月份已发生的保险费。

④ 对甲公司承修的家具，1 月份已完成修理工作量的 80%。

⑤ 1 月 31 日已完成修理但尚未开出的修理账单 $380。

（5）编制调整后试算平衡表。

（6）编制 1 月份收益表、留存收益表和 1 月 31 日资产负债表。

（7）编制结账分录并过入 T 型账户，结计有余额的账户。

（8）编制结账后试算平衡表。

11. 苏北工程咨询公司调整前试算平衡表如下所示。

2012 年 12 月 31 日

账　户	借方余额	贷方余额
现金	$20 000	
应收账款	110 000	
预付保险费	3 000	
办公设备	70 000	
累计折旧		$8 000
应付账款		96 000
预收收入		14 000
普通股		50 000
留存收益		20 000
营业收入		84 000
房租费用	24 000	
工薪费用	40 000	
利息费用	5 000	
合　计	$272 000	$272 000

下面是有关苏北工程咨询公司会计年度末调整的信息：

（1）根据有关记录，到 12 月 31 日，为客户已提供服务但尚未开出账单的服务费收入总计为 $58 000。

（2）应计未付的员工工资 $7 200。

（3）预付保险费的三分之一已到期。

（4）本会计年度计提折旧为 $9 200。

（5）收到客户预付的服务费 $21 000 中，到 12 月 31 日已提供了 30% 的服务。

要求：

（1）根据上述资料编制调整分录。

（2）编制调整后试算平衡表。

（3）编制 2012 年会计年度收益表。

（4）编制结账分录，并求出结账后留存收益余额。

12. 莱恩公司 2013 年 1 月 31 日的部分工作底稿数据如下表所示。

账户名称	调整前试算平衡表		调整后试算平衡表	
	借方余额	贷方余额	借方余额	贷方余额
现金	$10 400			
物料用品	2 400			
预付保险费	2 000			
办公设备	32 100			
累计折旧		$6 200		
应付账款		4 600		
应付工薪		0		
预收收入		8 400		
普通股		10 000		
留存收益		9 000		
营业收入		11 700		$19 100
工薪费用	3 000		$3 800	
保险费用			200	
折旧费用			300	
物料费用			400	
合　　计	$49 900	$49 900		

要求：

（1）利用上述资料编制莱恩公司期末调整分录（假设只有一笔调整分录涉及营业收入）。

（2）将上述工作底稿填制完成。

（3）编制莱恩公司结账分录。

（4）利用上述数据编制莱恩公司资产负债表。

第四章

收入确认及收益表和资产负债表

一、判断题（对于以下表述，认为表述“正确”，填入“√”；认为表述“错误”，填入“×”）

1. 收入确认的一般原则是收入的赚取过程已完成。 （ ）
2. 在会计实务中，销售点（交付商品时）通常是确认收入的时间点。 （ ）
3. 企业销售商品时，会在价目表价格基础上给予客户一定的价格优惠，即现金折扣。 （ ）
4. 给与客户现金折扣将增加销售成本。 （ ）
5. 起运站交货，运费由购买方承担。 （ ）
6. 到达站交货，销售方按运费金额借记“销售费用”账户。 （ ）
7. “销售退回和折让”账户是“销售收入”账户的抵减账户。 （ ）
8. 现金折扣的目的在于促使客户提前支付货款。 （ ）
9. 销售净额是销售收入与销售退回和折让之差。 （ ）
10. 委托代销人通常在收到受托代销人的商品代销清单以及扣除代销手续费的货款额时确认商品销售收入。 （ ）
11. 完工合同法会导致建造期间各年度利润的大幅波动。 （ ）
12. 对于建造合同，预计发生的损失不计入当期损益。 （ ）
13. 当终止经营分部在报告当期已经被处置，收益表上列报的相关损益是终止经营分部的处置损益。 （ ）
14. 美国企业的职员罢工损失属于收益表中的非常项目。 （ ）
15. 可供出售金融资产的未实现利得或损失属于其他综合收益项目。 （ ）

二、单项选择题

1. 以下关于商业折扣目的的陈述不正确的是（ ）。

A. 促销　　B. 让客户提前支付货款
C. 规避竞争　　D. 数量折扣

2. 以下关于运费会计处理正确的是（　　）。
A. 到达站交货，购买方支付运费。销售方借记销售费用账户，贷记应收账款账户
B. 到达站交货，销售方支付运费。销售方借记应收账款账户，贷记现金账户
C. 起运站交货，购买方支付运费。销售方借记销售收入账户，贷记应收账款账户
D. 起运站交货，销售方支付运费。销售方借记销售费用账户，贷记现金账户

3. 影响销售净额的项目不包括（　　）。
A. 商业折扣　　B. 现金折扣　　C. 销售退回　　D. 销售折让

4. 商品销售收入确认的例外情形不包括（　　）。
A. 销售含退货权的商品且退货可能性无法估计
B. 代销商品
C. 分期收款销售大额商品
D. 预收款销售商品

5. 以下关于完工百分比法的陈述，正确的是（　　）。
A. 完工程度的确定方法采用投入法
B. 当期收入 = 合同总收入 × 完工程度
C. 当建造合同的盈亏、完工程度可以合理估计时，采用完工百分比法
D. 建造合同期内的预计损失不可以立即确认

6. 某公司与受许方签订特许经营协议，加盟费共计 \$80 000。在签署时收取 \$20 000，余下的款项在三年内每年收取 \$20 000。考虑利息因素，未来三年内支付的加盟费现值是 \$56 000，相关利息 \$4 000。对于协议签署年份应确认的收入，以下表述错误的是（　　）。
A. 当加盟费 \$60 000 的回收可能性无法确定，并且首付款无需退还且绝大部分服务在近期提供，应确认 \$20 000 收入
B. 当加盟费 \$60 000 的回收可能性无法确定，并且首付款有退还的可能或者绝大部分服务将在未来提供，应确认的收入为零
C. 加盟费 \$60 000 中有 \$4 000 是尚未发生的利息收入，应随时间的流逝逐期确认
D. 当加盟费 \$60 000 的回收可能性可以合理估计时，并且首付款无需退还且绝大部分服务在近期提供，应确认 \$80 000 为收入

7. 某公司销售净额为 $3 000 000，净收益 $300 000，销售毛利 $900 000，那么该公司的销售成本是（　　）。

A. $1 800 000　　B. $2 700 000　　C. $2 100 000　　D. $2 300 000

8. 以下属于非常项目的是（　　）。

A. 非流动资产减值损失　　B. 重组支出

C. 政府征用土地给予的补贴收入　　D. 捐赠支出

9. 以下表述内容不是资产负债表缺陷的是（　　）。

A. 存在大量表外资产和表外负债　　B. 大部分项目以历史成本为计价基础

C. 资产负债金额存在主观估计　　D. 资产按流动性划分列报

10. 商业企业与制造企业的营业周期的不同在于（　　）。

A. 采购环节　　B. 生产环节　　C. 销售环节　　D. 回收货款环节

11. 按摊销后成本计价的流动资产项目是（　　）。

A. 短期投资　　B. 应收款　　C. 存货　　D. 预付费用

12. 不计折旧的固定资产是（　　）。

A. 土地　　B. 租赁改良支出　　C. 建筑物　　D. 设备

13. 流动负债不包括（　　）。

A. 预收收入　　B. 应付账款

C. 长期负债的流动部分　　D. 递延所得税负债

14. 非流动负债不包括（　　）。

A. 应付债券　　B. 养老金负债　　C. 租赁负债　　D. 应付税金

15. 股东权益不包括（　　）。

A. 投入资本　　B. 留存收益

C. 累计其他综合收益　　D. 业主提款

三、多项选择题

1. 增加记借方的账户是（　　）。

A. 销售收入　　B. 销售退回和折让

C. 销售折扣　　D. 销售费用

2. 销售方按商品运费额借记销售费用账户的条件是（　　）。

A. 出售商品起运站交货，销售方支付运费

B. 出售商品起运站交货，购买方支付运费

C. 出售商品到达站交货，销售方支付运费

D. 出售商品到达站交货，购买方支付运费

3. 销售净额的计算应考虑的项目是（　　）。

A. 销售收入　　B. 销售退回和折让

C. 销售折扣　　D. 销售费用

4. 以下有关现金折扣的陈述，正确的是（　　）。

A. 是销售方给与购买方的数量折扣

B. 一旦发生会引起销售收入的减少

C. 影响商品的实际成交价格

D. 存在于赊销业务中

5. 甲公司向乙公司出售商品，销售收入 $8 000，销售退回和折让 $500，销售条件 2/10，n/30，起运站交货，甲公司向运输公司支付 $200 运费，乙公司折扣期内付款。以下有关该项业务的陈述，正确的是（　　）。

A. 销售折扣为 $150　　B. 销售折扣为 $154

C. 甲公司收到现金 $7 550　　D. 甲公司收到现金为 $7 350

6. 不在商品销售时确认收入的业务是（　　）。

A. 商品销售含有退货权且退货可能性可以合理估计

B. 可以合理预计盈亏的建造合同收入

C. 分期收款销售收入

D. 委托代销商品的销售收入

7. 作为收益表中其他收益或损失列报的项目是（　　）。

A. 利息费用　　B. 股利收入　　C. 捐赠支出　　D. 火灾损失

8. 以下有关多步骤收益表的陈述，正确的是（　　）。

A. 终止经营利得或损失单独列报

B. 非常项目利得或损失按税后额列报

C. 持续经营收益部分划分营业收益部分和其他损益部分

D. 销售毛利扣除营业费用和利息费用后，得到营业利润

9. 属于综合收益的项目是（　　）。

A. 净收益　　B. 可供出售金融资产的未实现利得

C. 增收资本　　D. 外币报表折算差额

10. 属于流动资产的项目是（　　）。

A. 预付费用　　B. 存货　　C. 商誉　　D. 预收收入

四、计算分析题

1. 费尔公司销售商品 100 件，零售价为每件 $500。分别计算下列条件下的实收现

金额：

	销售日期	货款支付日	商业折扣条件	信用条件
(1)	2013 年 8 月 9 日	2013 年 8 月 19 日	10%	2/10，n/30
(2)	2013 年 10 月 1 日	2013 年 10 月 31 日	5%	1/10，n/30
(3)	2013 年 11 月 26 日	2013 年 12 月 6 日	15%	1/10，n/30

2. 如果在购买方付款之前，销售方同意退货和折让，并且购买方在现金折扣期内付款，分别计算下列条件下销售方给予购买方的现金折扣与实收现金额。

	销售金额	交货条件	支付运费方	运费额	销售退货和折让额	信用条件
(1)	$1 000	到达站交货	销售方	$50	$200	2/10，n/30
(2)	$2 000	起运站交货	销售方	$100	$400	1/10，n/30
(3)	$4 000	到达站交货	购买方	$200	$1 000	2/10，n/30
(4)	$3 000	起运站交货	购买方	$200	$500	1/10，n/30

3. 贝克公司经营家具批发。该公司赊销时的条件为 2/10，n/30。

(1) 9 月 9 日，向麦克商店赊销家具 $10 000；

(2) 9 月 11 日，向卡尔家具店赊销 $12 000；

(3) 9 月 19 日，收到麦克商店货款；

(4) 9 月 26 日，收回卡尔家具店退回的 $1 000 的家具；

(5) 10 月 11 日，收到卡尔家具店货款；

(6) 10 月 12 日，麦克商店退回 9 月 9 日购入的 $500 不合格家具。贝克公司退款给对方。

要求：

编制上述交易的日记账分录。对贝克公司存货的变动不予考虑。

4. 某批发公司发生了下列业务：

9 月 3 日，该公司销售 $2 600 商品，2/10，n/30，起运站交货，运费 $50 已由其支付；

9 月 5 日，客户收到该公司的商品和代垫运费通知。验货时，对部分商品包装不满意，向该公司要求折让 $100；

9 月 7 日，该公司同意销售折让；

9 月 13 日，客户汇付结欠的账款；

9 月 14 日，该批发公司收到汇款。

要求：对该批发公司的上述业务作出日记账分录。

5. 某公司本年 1 月发生下列与销售相关的经济业务。信用条件为 2/10，n/30，到达站交货。

(1) 1 月 3 日，赊销商品 $7 200 给欧文公司；

(2) 1 月 4 日，签发支票给运输公司，支付 3 日发给欧文公司的货物运费 $60；

(3) 1 月 9 日，收到欧文公司 1 月 8 日汇款，偿付其 12 月 27 日购货账款 $3 100；

(4) 1 月 11 日，同意欧文公司提出的退货 $300 申请；

(5) 1 月 16 日，预收肖特公司货款 $4 000；

(6) 1 月 16 日，收到欧文公司 1 月 13 日汇款，偿付其 1 月 3 日购货账款；

(7) 1 月 30 日，现销商品 $2 300；

(8) 1 月 31 日，向肖特公司交付 1 月 16 日预收货款的商品。

要求：

编制上述业务的会计分录。

6. 宏辉公司从 2012 年起采用分期收款销售法确认收入。2012 年和 2013 年相关业务数据如下：

	2012 年	2013 年
分期收款销售收入	$80 000	$50 000
分期收款销售成本	24 000	25 000
2012 年分期收款销售业务回收货款	20 000	20 000
2013 年分期收款销售业务回收货款	0	10 000

要求：

分别计算 2012 年和 2013 年确认的分期收款销售毛利以及递延毛利。

7. 飘柔公司从 2012 年起采用分期收款销售法确认收入。2012 年和 2013 年相关业务数据如下：

	2012 年	2013 年
分期收款销售收入	$1 000 000	$2 000 000
销售毛利率	30%	40%
2012 年分期收款销售业务回收货款	150 000	90 000
2013 年分期收款销售业务回收货款	0	200 000

要求：

根据上述资料编制飘柔公司 2012 年和 2013 年相关业务会计分录。

8. 汉森公司一直使用完工百分比法确认建造合同收入。2013 年公司承接一项造价 \$3 000 000 的建造合同。2013 年年末会计记录显示，当年发生建造成本 \$930 000，至完工预计还要发生建造成本 \$1 395 000，工程结算账单 \$1 100 000，已收回结算款 \$700 000。完工程度计算采用成本比例法。

要求：

（1）计算汉森公司 2013 年的建造合同收入、费用以及利润。

（2）如果至完工预计还要发生的建造成本是 \$2 170 000，重新完成要求（1）。

（3）如果至完工预计还要发生的建造成本无法合理估计，且已发生的建造成本是可以回收的。重新完成要求（1）。

9. 哈代公司在 2011 年初承接一项造价为 \$5 000 000 的办公楼建造合同。建造期预计三年。有关建造合同的相关数据如下（单位：千美元）。

	2011 年	2012 年	2013 年
当年实际建造成本	1 500	1 000	1 600
年末至完工预计建造成本	2 250	1 500	0
当年工程结算账单	1 200	2 000	1 800
当年收回结算款	1 000	1 400	2 600

要求：

计算建造期内每年确认的建造合同收入、费用和利润。

10. 以下是格林公司 2013 年末某些账户结账前余额。

销售收入	\$190 000	利息收入	\$1 000
销售退回和折让	2 200	土地出售利得	20 000
销售折扣	2 800	设备出售损失	3 500
销售费用	3 000	销售成本	102 000
管理费用	9 000	利息费用	3 200
所得税费用	18 000		

要求：

编制格林公司单步骤式2013年收益表。

11. 沿用第9题资料，编制格林公司多步骤式2013年收益表。

12. 以下是奔腾公司2013年的一些财务数据。该公司所得税率为20%。

销售收入	$1 420 000	利息收入	$10 000
营业费用	320 000	捐赠支出	5 000
所得税费用	184 000	出售投资损失	50 000
食品分部税前处置损失	80 000	销售成本	600 000
食品分部当年税前经营损失	150 000	地震税前损失	65 000

要求：

根据上述资料编制奔腾公司2013年多步骤式收益表。

13. 以下项目摘自百思买（Best Buy）公司财务报表。

商标权	销售成本	优先股	土地和建筑物
应收款项	长期债务的流动部分	短期投资	应付账款
应付所得税	购买投资支付的现金	营业费用	普通股
商誉	利息费用	资本性租赁资产	累计折旧
尚未使用的礼物卡负债	现金及现金等价物	所得税支出	短期借款
留存收益	长期负债	租赁改良支出	股利支出
设备和设施	偿债支出	增收资本	其他流动资产
投资减值损失	累计其他综合收益	所得税费用	可供出售金融资产未实现损失
长期股权投资	外币报表折算差额	应付职工薪酬	重组支出
利息支出	商品存货	基本每股收益	收入

要求：

选择属于资产负债表的项目，并且按资产（流动资产、非流动资产）、负债（流动负债、非流动负债）和所有者权益分类。

14. 以下是海纳公司资产负债表的项目及其在2013年12月31日的金额（单位：美元）。

项 目	金 额	项 目	金 额
商誉	100 000	土地	125 000
应付职工薪酬	9 500	应付账款	197 532
应收账款	165 824	累计折旧	341 200
建筑物	975 800	预付费用	16 252
应收票据	23 000	预收账款	420
应付票据	50 000	短期投资	28 250
物料用品	9 780	增收资本	37 500
留存收益	162 582	应付利息	500
现金	42 485	长期股权投资	87 500
应付所得税	62 520	坏账准备	1 850
商品存货	489 713	普通股	700 000
应付债券	500 000		

要求：

根据上述资料，编制海纳公司 2013 年 12 月 31 日资产负债表。其中，资产和负债项目应给出合理的分类。

第五章

现金及其他流动性金融资产

一、判断题（对下列表述认为正确的以“√”表示，认为错误的以“×”表示）

1. 对涉及现金管理和控制的业务人员实行职责分离控制，可以减少现金管理中产生舞弊的可能性。 （　　）

2. 银行对账单余额与企业现金账户余额不相符的主要原因是双方记账有错误。 （　　）

3. 会计部门单独拨付给企业内部单位周转使用的零用现金不属于现金。 （　　）

4. 坏账的处理采用备抵法，在注销不能收回的应收账款时，不影响注销当期的流动资产总额，但会影响当期的净收益。 （　　）

5. 采用应收账款余额百分比法估计坏账损失，期末调整分录记入坏账费用账户的金额等于坏账准备账户的期末余额。 （　　）

6. 在备抵法下，资产负债表上应收账款的列报金额等于应收账款账户期末余额减去坏账准备账户期末余额。 （　　）

7. 在会计实务中，应收票据不论是否带息，都是按照票面金额入账的。 （　　）

8. 如果附追索权的贴现票据到期，付款人无力支付票据款，则票据贴现人负有向其贴现银行偿付该票据款的连带责任。 （　　）

9. 企业持有交易性证券投资期间所取得的现金股利或利息，应当确认为投资收益。 （　　）

10. 会计期末，企业应将交易性证券投资因市价变动形成的未实现持有利得或损失列入资产负债表的所有者权益项目中。 （　　）

二、单项选择题

1. 使用预先编号的支票进行现金支付属于内部控制基本原则中的（　　）。

A. 建立岗位责任　　B. 职责分离

C. 实物控制　　D. 凭证传递程序

2. 在编制银行存款余额调节表时，在途存款应（　　）。

A. 从企业现金账户余额中减去　　B. 加到企业现金账户余额中

C. 加到银行对账单余额中　　D. 从银行对账单余额中减去

3. 在编制银行存款余额调节表时，顾客因存款不足而被退回的支票应（　　）。

A. 加到企业现金账户余额中　　B. 从企业现金账户余额中减去

C. 加到银行对账单余额中　　D. 从银行对账单余额中减去

4. 应收账款在资产负债表的流动资产部分以（　　）列报。

A. 账面原值　　B. 可收回金额

C. 发票金额　　D. 发票金额扣除现金折扣

5. 对坏账处理采用备抵法，当注销一笔无法收回的坏账时，应借记的账户是（　　）。

A. 坏账费用　　B. 应收账款　　C. 销售费用　　D. 坏账准备

6. 本期赊销额是 \$800 000，应收账款余额是 \$160 000，坏账准备按照应收账款余额的 7.5% 计算。如果调整前坏账准备有贷方余额 \$5 000，那么调整后的期末余额是（　　）。

A. \$12 000　　B. \$7 000　　C. \$17 000　　D. \$65 000

7. 2012 年琼斯公司赊销额是 \$750 000，2012 年 1 月 1 日“坏账准备”有贷方余额 \$18 000，当年注销了 \$30 000 坏账。过去的经验表明，坏账准备是应收账款余额的 10%。如果 12 月 31 日应收账款余额是 \$200 000，那么 2012 年 12 月 31 日对“坏账准备”的调整金额是（　　）。

A. \$20 000　　B. \$75 000　　C. \$32 000　　D. \$2 000

8. 马里公司采用应收账款余额百分比估计坏账，12 月 31 日应收账款的分析显示如下数据：

应收账款余额	\$800 000
调整前坏账准备余额（贷方）	50 000
估计的坏账金额	65 000

则 12 月 31 日调整后的应收账款可收回金额是（　　）。

A. \$685 000　　B. \$750 000　　C. \$800 000　　D. \$735 000

9. 丹尼公司将其持有客户签发的一张票面金额为 \$10 000、60 天期、利率 6% 的本票在持有 7 天后向银行申请贴现，银行贴现率为 8%，则贴现实得款为（　　）。

A. \$10 000　　B. \$9 981　　C. \$9 882　　D. \$10 100

10. 立顿公司 2012 年 8 月 10 日购买某公司普通股票 5 000 股，购买价格共计 \$50 000，支付佣金和税款 \$1 000，且将其划分为交易性证券。立顿公司于当年 12 月 10 日出售该股票 3 000 股，收到现金 $32 000，则出售股票产生（　　）。

A. 利得 $2 000　　B. 损失 $1 400

C. 损失 $2 000　　D. 利得 $1 400

三、多项选择题

1. 内部控制的基本原则应包括（　　）。

A. 建立岗位责任　　B. 独立的内部审核

C. 财务业绩计量　　D. 人力资源控制

2. 属于良好的现金管理的例子包括（　　）。

A. 为鼓励早日还款而给予顾客现金折扣

B. 将暂时多余的现金投资于风险较高的小公司股票

C. 仔细监控还款，避免过早还款

D. 应用适时制存货方法保持低库存

3. 坏账处理采用备抵法，当注销不能收回的应收账款时，不影响注销当期的（　　）。

A. 净收益　　B. 流动资产总额

C. 应收账款可收回金额　　D. 应收账款余额

4. 下列关于本票的表述正确的有（　　）。

A. 企业可以将所持有的本票经背书后向银行申请贴现

B. 在本票中作出付款承诺的一方称为出票人

C. 本票是一种可转让票据

D. 本票比应收账款有更强的资产要求权

5. 下列有关交易性证券投资的表述正确的有（　　）。

A. 按照市场价格进行后续计量

B. 市场价格变动产生的未实现持有利得或损失列入收益表

C. 市场价格变动产生的未实现持有利得或损失列入资产负债表

D. 将出售价格与初始投资成本之间的差额确认为投资利得或损失

四、计算分析及会计处理题

1. 格林公司有关零用现金业务如下：

（1）9 月 1 日，签发一张 $200 的银行支票，为管理办公室建立零用现金。

（2）9 月 30 日，签发支票补足零用现金，当月已支付的账单包括：交通费 $41.3，办公用品 $110.1，邮费 $24.4。当天零用现金余额为 $24.2。

(3) 10 月 31 日，签发支票，除补足报销账单外，将零用现金定额增加到 $300。当月已支付的账单包括：交通费 $60.2，办公用品 $96.6，邮费 $25.5。当天零用现金余额为 $15.8。

要求：为格林公司上述零用现金业务编制会计分录。

2. 8 月 31 日，时代公司现金账户中银行存款余额为 $8 940，银行对账单余额为 $11 200，通过逐笔核对取得以下资料：

(1) 8 月 31 日送存银行的 $2 400，银行尚未登账。

(2) 8 月 28 日签发的一张 $3 300 支票，供货商尚未兑现。

(3) 8 月 30 日银行代公司收取到期的应收票据款本息共计 $4 040，其中利息为 $40，贷项通知单随同银行对账单送达。

(4) 银行收取本月服务费 $40，附借项通知单。

(5) 因 A 公司存款不足，银行退还 A 公司签发的一张 $2 620 支票，并收取手续费 $20，附借项通知单。

要求：

(1) 根据以上资料编制时代公司银行存款余额调节表。

(2) 编制时代公司必要的会计分录，调整现金账户余额。

3. 5 月 31 日，达利公司现金账户中银行存款余额为 $52 020，其开户银行寄来的银行对账单余额为 $72 430，经过逐笔核对发现下列未达账项和错账：

(1) 5 月 31 日的在途存款为 $16 120。

(2) 5 月 31 日尚未兑现支票为 $11 400。

(3) 银行将另一公司开出的一张 $4 500 付款支票误记到达利公司账上。

(4) 银行已登账的服务费 $120，公司尚未入账。

(5) 达利公司签发一张 6 个月期、利率 7% 的本票向银行借款 $30 000。银行已将该笔借款登账，但公司尚未登账。

(6) 客户 B 公司支付的一张 $8 800 的支票，因存款不足被退票，经查为 B 公司偿付其购货款的支票。

(7) 达利公司开出的一张偿还购货款 $950 的支票误记为 $9 500。

要求：

(1) 根据以上资料编制达利公司银行存款余额调节表。

(2) 编制达利公司必要的会计分录，调整现金账户余额。

4. 卡尔公司采用备抵法处理坏账，并使用销售收入百分比法估计坏账费用。本年度公司的赊销额为 $300 000，年末应收账款余额为 $75 000，根据以往经验认为赊销额的 1% 将无法收回，年末调整前坏账准备账户有贷方余额 $400。

要求：

（1）编制年末计提坏账准备的调整分录。

（2）列示资产负债表上应收账款的可收回金额。

5. 泰里公司本年初应收账款余额为 \$20 150，坏账准备余额为 \$1 680。本年发生如下经济业务：

（1）1 月 19 日，收回赊销款 \$9 850。

（2）2 月 5 日，赊销一批商品，价款为 \$11 200。

（3）3 月 28 日，认定已破产客户哈利公司的欠款 \$1 100 为坏账并注销。

（4）4 月 6 日，收回赊销款共计 \$16 500。

（5）7 月 15 日，赊销一批商品，价款为 \$8 000。

（6）10 月 11 日，上年度已注销西岸公司的坏账 \$900 意外收回。

（7）12 月 2 日，认定客户富达公司的欠款 \$1 600 为坏账并注销。

（8）年末按应收账款余额的 4% 估计坏账并计提坏账准备。

要求：为泰里公司本年的上述经济业务编制会计分录。

6. 沃森公司本年初坏账准备余额为 \$500，本年 11 月 1 日获悉伦特公司破产，其所欠账款 \$600 无法收回。12 月 31 日应收账款余额为 \$82 500，其账龄分析结果如下：

未过信用期限	\$70 000
过期 1－30 天	8 000
过期 31－60 天	3 000
过期 61 天以上	1 500
	\$82 500

根据历史资料，以上各账龄组的坏账比率分别为：1%、4%、10% 和 30%。

要求：

（1）编制 11 月 1 日注销伦特公司所欠账款的会计分录。

（2）编制账龄分析表计算估计的坏账。

（3）编制年末计提坏账准备的调整分录。

（4）列示资产负债表上应收账款的可收回金额。

7. 瑞尔公司持有的三张应收票据的有关信息如下：

	出票日	票面金额	票据期	票面利率
票据 A	3 月 6 日	\$10 000	60 天	9%
票据 B	10 月 1 日	\$12 500	90 天	12%
票据 C	8 月 30 日	\$18 000	120 天	8%

要求：

（1）分别计算上述三张票据的到期日与到期值。

（2）若票据 A 于 3 月 26 日以 10% 贴现率向银行贴现，计算贴现息与贴现实得款。

8. 北卡公司发生如下经济业务：

（1）2012 年 12 月 1 日，向凯乐公司销售商品一批，收到一张票面金额为 $24 000、3 个月期、利率 10% 的本票。

（2）2012 年 12 月 31 日，调整上述本票的应计利息。

（3）2012 年 12 月 31 日，通过账龄分析表估计的坏账为 $5 600，坏账准备期末调整前余额为贷方 $1 400。

（4）2013 年 3 月 1 日，收到凯乐公司用于偿还本票的现金。

（5）2013 年 3 月 18 日，收到戴普公司一张票面金额为 $10 000、90 天期、利率 8% 的本票，用于抵付所欠账款。

（6）2013 年 4 月 17 日，持有戴普公司所开本票 30 天后向银行申请贴现，贴现率为 9%，且银行拥有追索权。

（7）2013 年 6 月 16 日，戴普公司因存款不足而拒付到期的票据款，银行通知北卡公司其贴现票据被拒付，并将票据到期值和拒付手续费 $10 从其银行账户中扣除。

要求：为北卡公司的上述经济业务编制会计分录。

9. 环球公司发生如下经济业务：

（1）3 月 8 日，收到海利公司一张票面金额为 $30 000、90 天期、利率 10% 的本票，抵付其所欠账款。

（2）3 月 18 日，持有海利公司所开票据 10 天后向银行申请贴现，贴现率为 9%，且银行拥有追索权。

（3）6 月 6 日，海利公司向银行偿付其票据款。

（4）10 月 1 日，销售商品给益达公司，收到一张票面金额为 $120 000、60 天期、利率 7% 的本票。

（5）10 月 21 日，持有益达公司所开票据 20 天后向银行申请贴现，贴现率为 9%，且银行拥有追索权。

（6）11 月 30 日，益达公司因存款不足而拒付到期的票据款，银行通知环球公司其贴现票据被拒付，并将票据到期值和拒付手续费 $20 从其银行账户中扣除。

要求：为环球公司上述业务编制会计分录。

10. 莱博公司将闲置现金投资于上市公司股票，2012 年的相关业务如下：

（1）9 月 19 日，以每股 $12.75 购买 A 公司普通股股票 2 000 股作为交易性证券投资。

（2）11 月 21 日，收到 A 公司分派的每股 \$0.45 现金股利。

（3）12 月 31 日，A 公司股票的每股市场价格为 \$14。

要求：

（1）编制上述与投资业务有关的各笔会计分录。

（2）上述投资在资产负债表上应如何列报？

（3）上述投资业务如何影响当期净收益？

11. 唐氏公司经常购买上市公司股票作为交易性证券投资，该公司的会计年度与日历年度相同。2012 年的相关业务如下：

（1）8 月 10 日，购买了三家上市公司普通股，有关资料如下：

公司名称	购入股票数	每股购买价格
A 公司	3 000	\$5
B 公司	4 000	\$7
C 公司	2 000	\$9

（2）10 月 8 日，收到 C 公司分派的每股 \$0.4 现金股利。

（3）11 月 30 日，以每股 \$7.6 的价格出售 B 公司全部股票。

（4）12 月 31 日的股票市场价格为：A 公司每股 \$5.3，B 公司每股 \$7.5，C 公司每股 \$8。

要求：

（1）编制唐氏公司上述与投资业务有关的各笔会计分录。

（2）上述投资在资产负债表上应如何列报？

（3）唐氏公司 2012 年度收益表上列报的投资收益（或损失）共计多少？

（4）如果上述投资归类为可供出售证券投资，将如何影响收益表和资产负债表？

第六章

存　货

一、判断题（对下列表述认为正确的以“√”表示，认为错误的以“×”表示）

1. 企业持有存货的主要目的是为了自用而不是出售。（　）

2. 在总价法下，确定存货实际成本的买价是指购货价格扣除商业折扣和现金折扣以后的金额。（　）

3. 存货的加工成本包括直接人工以及按照一定方法分配的制造费用。（　）

4. 采用定期盘存制计量存货，由于是倒挤成本，从而使非正常原因引起的存货短缺，全部挤入销售成本之中。（　）

5. 对发出存货的计价必须遵循成本流转与实物流转相一致的原则。（　）

6. 采用后进先出法，在物价上涨时期，导致销售成本较高，因而会低估企业当期净收益。（　）

7. 企业采用成本与市价孰低法对存货计价，通常按单个存货项目比较来确定期末存货成本。（　）

8. 采用成本与市价孰低法计价，当存货的市价下跌时，由此形成的跌价损失要在商品销售的期间加以确认。（　）

9. 成本与市价孰低法中的“成本”是指存货的历史成本，市价是指存货预计的售价。（　）

10. 毛利法主要适用于商业零售企业估计期末结存的商品成本。（　）

二、单项选择题

1. 存货具有较强的流动性，通常会在一年内被消耗或经出售转换为现金，存货的这一特征使存货明显区别于（　　）。

A. 应收账款　　B. 应收票据

C. 厂场资产　　D. 交易性证券投资

2. 下列商品中，不构成本企业存货的是（　　）。

A. 库存待售的商品 B. 受托代销的商品
C. 购入“起运站交货”的在途商品 D. 委托外单位代销的商品

3. 下列项目中，不构成外购商品采购成本的是（ ）。
A. 购买价款 B. 支付的进口关税
C. 购货退回和折让 D. 支付的途中保险费

4. 下列内容中，不属于定期盘存制的缺点的是（ ）。
A. 不利于加强对存货的管理 B. 不利于存货的计划工作
C. 不利于对存货进行控制 D. 加大存货明细记录工作量

以下为 5 ~ 8 题的资料：某公司本月初 A 商品结存 2 000 件，总成本为 \$40 000。当月 2 日购买 A 商品 4 000 件，单位成本 \$22；18 日购买 A 商品 6 000 件，单位成本 \$23。当月 6 日和 22 日分别售出 A 商品 3 000 件和 5 000 件。

5. 如果该公司存货采用先进先出法计价，则 A 商品月末结存金额为（ ）。
A. \$90 000 B. \$80 000 C. \$92 000 D. \$85 000

6. 如果该公司存货采用后进先出法计价（永续盘存制），则 A 商品月末结存金额为（ ）。
A. \$84 000 B. \$80 000 C. \$90 000 D. \$85 000

7. 如果该公司存货采用加权平均法计价，则 A 商品月末结存金额为（ ）。
A. \$110 000 B. \$88 680 C. \$90 000 D. \$85 000

8. 如果该公司存货采用移动加权平均法计价，则 A 商品月末结存金额为（ ）。
A. \$85 000 B. \$80 000 C. \$90 000 D. \$89 760

9. 存货采用先进先出法计价，在物价上涨的情况下，将会使企业的（ ）。
A. 期末存货高估，当期利润低估 B. 期末存货高估，当期利润高估
C. 期末存货低估，当期利润高估 D. 期末存货低估，当期利润低估

10. 在采用成本与市价孰低法时，可变现净值是指企业在正常经营过程中，以存货的（ ）减去合理预计的加工成本和（ ）后的金额。
A. 实际售价、实际销售费用 B. 实际售价、预计销售费用
C. 预计售价、预计销售费用 D. 预计售价、实际销售费用

11. 在会计实务中，企业普遍采用的是按照（ ）的成本与市价进行比较，取其低者计量期末存货。
A. 主要存货类别 B. 全部存货
C. 单个存货项目 D. 重要的存货项目

12. 某批发企业采用毛利法对存货计价，该企业月初百货类商品结存 \$20 000，本月购入商品 \$200 000，商品销售收入 \$145 000。上季度该类商品毛利率为

20%。则月末该类商品结存成本为（　　）。

A. \$65 000　　B. \$70 000　　C. \$104 000　　D. \$100 000

13. 某零售商店采用零售价格法估计期末存货成本。该商店年初库存商品成本为\$400 000，售价总额为\$500 000。当年购入商品的实际成本为\$2 000 000，售价总额为\$2 500 000。当年销售收入为\$2 800 000。该商店年末库存商品成本为（　　）。

A. \$160 000　　B. \$350 000　　C. \$300 000　　D. \$400 000

三、多项选择题

1. 下列项目中，属于企业存货范围内的有（　　）。

A. 库存待售的商品　　B. 委托代销的商品

C. 自制的产成品　　D. 库存的原材料

2. 下列项目中，构成企业外购商品采购成本的有（　　）。

A. 购买价款　　B. 装卸费

C. 运输途中的合理损耗　　D. 入库前整理挑选费用

3. 企业如果低估期末存货价值，可能会引起（　　）。

A. 当期净收益减少　　B. 当期所得税减少

C. 当期净收益增加　　D. 当期销售成本增加

4. 企业如果高估期末存货价值，可能会引起（　　）。

A. 当期净收益增加　　B. 当期所得税增加

C. 当期销售成本减少　　D. 当期净收益减少

5. 企业对存货可采用的计价方法包括（　　）。

A. 先进先出法　　B. 个别认定法

C. 加权平均法　　D. 后进先出法

6. 选择不同的存货计价方法，会对（　　）的计算产生影响。

A. 税前收益　　B. 销售成本

C. 所有者权益　　D. 所得税

7. 下列有关成本与市价孰低法的陈述中，正确的有（　　）。

A. 当存货的成本低于市价时，期末存货仍按成本计价

B. 当存货的市价低于成本时，期末存货按市价计价

C. 市价不应超过存货的可变现净值

D. 市价不应低于可变现净值减去估计的正常毛利后的金额

四、计算分析及会计处理题

1. 好利公司某一会计期间发生如下购货和销货业务：

（1）从里奇公司购入商品一批，发票价格 $24 000，付款条件：2/10，n/30；交货条件为：起运站交货，货到付费。商品与发票账单同时到达。

（2）用现金支付上述购货业务所发生的运费 $1 600。

（3）上述购货中有原价为 $2 000 的商品因不符合要求退还里奇公司。

（4）在折扣期限内向里奇公司偿付上述购货款。

（5）当期向贝德公司赊销总价款为 $28 000 的商品，在永续盘存制下其成本确定为 $21 000。

（6）期初商品存货账户余额为 $6 000，期末实际盘存金额为 $8 000。

要求：编制好利公司定期盘存制和永续盘存制下有关商品购销业务的会计分录。

2. 瑞奇公司 6 月末的商品存货余额为 $140 000，7 月份的商品销售和购货业务如下：

（1）赊购商品 $60 000，付款条件：2/10，n/30。

（2）上述购货中有原价为 $4 000 的商品退还供应商。

（3）供应商代付上述购货的运费 $2 800。

（4）在折扣期限内偿付上述购货账款。

（5）当月赊销商品总价款为 $182 000，在永续盘存制下其成本确定为 $122 840，已收回顾客账款 $95 240。

要求：

（1）编制瑞奇公司定期盘存制和永续盘存制下有关商品购、销业务的会计分录。

（2）假定 7 月末的实物盘存为 2 400 单位，单价为 $30，分别编制定期盘存制和永续盘存制下商品存货调整的会计分录。

3. 不来梅公司采用定期盘存制，其会计记录中包括以下账户的余额：

购货运费	$4 000
商品存货（期初）	14 000
购货	64 000
购货折扣	3 000
购货退回和折让	1 600
销售收入	96 000
销货折扣	1 000
销货退回和折让	1 800

要求：

（1）假定通过实物盘存确定的期末存货为 \$9 500，计算商品销售成本。

（2）计算商品销售毛利。

4. 联合公司采用先进先出法对存货进行计价。该公司 1 月有关商品购销业务如下：

商品购销业务	数量（件）	单位成本
1 月 1 日 期初存货	1 600	\$10
1 月 5 日 购货	4 000	\$11
1 月 8 日 销售	2 200	
1 月 18 日 购货	2 000	\$13
1 月 26 日 销售	3 200	
1 月 31 日 期末存货	2 200	

要求：

（1）计算定期盘存制下的期末存货成本和销售成本。

（2）编制永续盘存制下的存货明细账，计算期末存货成本和销售成本。

（3）比较两种盘存制的计算结果是否相同。

5. 多宝公司对商品存货数量的确定采用永续盘存制，对商品存货计价采用先进先出法。该公司某会计期间的有关商品购销业务（假定全部为赊购赊销）如下：

商品购销业务（按时间顺序排列）	数量（件）	单位成本	总成本
期初存货	250	\$100	\$25 000
第 1 次购货	600	\$120	\$72 000
第 1 次销售（单价 \$210）	550		
第 2 次购货	800	\$140	\$112 000
第 2 次销售（单价 \$230）	400		
期末存货	700		

要求：

（1）计算期末存货成本和销售成本。

（2）为第 1 次购货和第 1 次销售两项业务编制会计分录。

6. 惠新公司采用后进先出法对存货计价，该公司某期间有关商品购销业务如下：

商品购销业务（按时间顺序排列）	数量（件）	单位成本
期初存货	1 000	$20
第 1 次购货	1 200	$24
第 1 次销售	1 400	
第 2 次购货	1 600	$26
第 2 次销售	1 000	
期末存货	1 400	

要求：

（1）计算可供销售商品数量和金额。

（2）计算定期盘存制下的期末存货成本和销售成本。

（3）编制永续盘存制下的存货明细账，计算期末存货成本和销售成本。

（4）比较两种盘存制的不同计算结果，并说明产生差异的原因。

7. 奥德公司 1 月份有关商品购销业务（假定全部为赊购赊销）如下：

商品购销业务	数量（件）	总成本
1 月 1 日　期初存货	300	$8 100
1 月 7 日　购货	600	$18 000
1 月 13 日　销售（单价 $60）	500	
1 月 22 日　购货	400	$11 200
1 月 28 日　销售（单价 $62）	410	
1 月 31 日　期末存货	390	

要求：

（1）用移动加权平均法编制该公司 1 月份的永续盘存制存货明细账。

（2）编制 1 月 7 日购货业务的会计分录。

（3）编制 1 月 13 日销售业务的会计分录。

（4）若奥德公司采用定期盘存制，计算加权平均法的期末存货成本和销售成本。

（5）分析采用平均成本法时，在永续盘存制和定期盘存制下是否会得出不同的期末存货成本和销售成本及其原因。

8. 马戈公司只销售一种商品，以下是该公司本年8月份商品购销的一些资料：

商品购销业务	数量（件）	单位成本
8月1日 期初存货	200	\$20
8月5日 销售	100	
8月13日 购货	1 000	\$23
8月16日 销售	900	
8月24日 购货	600	\$30
8月26日 销售	500	
8月31日 期末存货	300	

要求：应用先进先出法、后进先出法和平均成本法，分别计算永续盘存制和定期盘存制下的期末存货成本和本月商品销售成本。

9. 彼德公司对商品存货数量的确定采用定期盘存制，1月份有关商品购销业务如下：

商品购销业务	数量（件）	总成本
1月1日 期初余额	1 400	\$8 400
1月8日 销售	1 200	
1月15日 购货	1 200	\$8 400
1月20日 销售	1 100	
1月24日 购货	620	\$5 580
1月26日 购货退回	20	为24日所购商品

要求：

（1）假定该商品售价为\$20，分别用加权平均法、先进先出法和后进先出法编制简明收益表。

（2）就先进先出法和后进先出法而言，哪种方法将表现为较高的营业收益？

（3）就先进先出法和后进先出法而言，哪种方法表现为较低的所得税？

10. 琪琳公司本年有关收益表资料如下：

销售收入	\$9 500 000
减：销售成本	5 000 000
销售毛利	4 500 000
减：营业费用	2 000 000
营业收益	\$2 500 000

到目前为止该公司一直使用先进先出法对存货计价，期末存货为 $1 500 000。在公布其财务报告之前，公司管理层认为对存货计价改用后进先出法会更好地反映其财务成果。在后进先出法下，期末存货为 $800 000。

要求：

（1）采用后进先出法对存货计价，重新编制公司的收益表。

（2）该公司本年的营业收益因受存货计价方法改变而影响的金额为多少？具体原因是什么？

11. 林德商店于期末收集了如下的存货数据：

商品	数量	单位成本	市价		
			重置成本	上限	下限
甲类：					
A 商品	200	$15.8	$16.5	$18.0	$14.0
B 商品	400	19.0	16.0	19.5	15.0
乙类：					
C 商品	500	17.0	15.5	15.0	11.0
D 商品	100	11.5	10.8	17.0	12.0

要求：

（1）在成本与市价孰低法下，按照单个存货项目比较、主要存货类别比较和全部存货比较，分别确定期末存货成本。

（2）以按照单个存货项目比较的结果，编制计提存货跌价准备的调整分录。

12. 安华公司正准备编制本年度的财务报告，该公司有五种主要存货项目，这些存货期末库存情况的有关资料如下：

存货项目	存货数量（件）	单位成本	年末市价
A	100	$40	$36
B	200	$90	$90
C	40	$120	$124
D	80	$80	$80
E	1 000	$20	$16

要求：

（1）在成本与市价孰低法下，对该公司期末存货进行逐项比较计价，并编制计提存货跌价准备的会计分录。

（2）在成本与市价孰低法下，按全部存货进行比较，确定期末存货成本。

（3）分析上述两种比较方法中哪一种较为合理以及原因。

13. 应用毛利法为以下三类存货分别确定期末存货的估计成本。

	A	B	C
期初存货	$80 000	$46 000	$480 000
本期购货	500 000	172 000	1 500 000
销售净额	700 000	280 000	2 520 000
估计毛利率	25%	30%	35%

14. 克拉克公司本年1月1日的存货按成本计价为 $36 000，按零售价计价为 $45 000，该公司全年的购货成本为 $84 000，按零售价计价为 $135 000，全年销售净额总计为 $140 000，当年12月31日按零售价计价的实物盘存总额为 $38 800。

要求：

（1）使用零售价格法计算12月31日的账面存货和实物盘存的估计成本。

（2）两者之间的差额是多少？应如何处理这一差额？

（3）年末资产负债表上的存货金额应按什么数字列示？

15. 比利零售商店的营业员在2012年底按零售价对存货进行实物盘点，确定期末存货按零售价计算的总额为 $104 000。当年有关存货的其他资料如下：

	按成本	按售价
期初存货	$85 600	$122 000
本期购货	334 400	438 000
销售净额	448 000	

要求：

（1）用零售价格法计算期末存货的估计成本。

（2）计算当年因失窃或其他原因造成的存货损失估计数。

第七章

长期营业用资产

一、判断题（对下列表述认为正确的以“√”表示，认为错误的以“×”表示）

1. 企业购入土地后发生的改良支出，如修建的围墙、栅栏、道路等支出应当包括在土地成本之内。（ ）

2. 外购厂场资产的成本仅由取得资产时所支付的买价和相关税金所组成。（ ）

3. 对于一揽子购买，必须将购买总成本在各类资产之间进行分配。（ ）

4. 对自建建筑物发生的借款利息应全部予以资本化，计入自建的建筑物成本中。（ ）

5. 折旧就是将厂场资产的成本在其有效使用寿命内按照系统和合理的方法逐期分摊为费用的过程。（ ）

6. 虽然双倍余额递减法和年数总和法计算折旧的具体方法有所不同，但厂场资产折旧期满后，其账面价值均为厂场资产的预计残值。（ ）

7. 企业将厂场资产的日常修理与改良支出一律作为资本支出，增加厂场资产账面价值。（ ）

8. 采用双倍余额递减法计提折旧可以使企业所得税的税负最少。（ ）

9. 自然资源的开发成本都应予以资本化计入自然资源账户中。（ ）

10. 企业自创的商誉属于无形资产，应确认予以入账。（ ）

二、单项选择题

1. 不需要计提折旧的厂场资产是（ ）。

A. 房屋建筑物　B. 土地　C. 机器设备　D. 运输工具

2. 下列支出中，不构成土地购置成本的是（ ）。

A. 经纪人佣金　B. 平整场地费用

C. 测量费　D. 铺设停车场支出

3. 若建设期超过 1 年，则在建设期间为购建厂场资产而借入资金所发生的借款利息应当予以资本化，计入（　　）。
   A. 利息费用　　B. 管理费用
   C. 建造的资产成本　　D. 资产改良
4. 某公司购入设备一台，价款 $35 100，支付运杂费 $400，安装费 $1 500，预计使用 8 年，预计残值为 $1 000。如果按年数总和法计算折旧，则该设备第三年的折旧额为（　　）元。
   A. $5 000　　B. $6 000　　C. $7 000　　D. $6 166. 77
5. 某公司购进设备一台，该设备的入账价值为 $1 000 000，预计残值率 5%，预计使用年限为 5 年。在采用双倍余额递减法计提折旧的情况下，该项设备第三年应计提折旧额（　　）。
   A. $240 000　　B. $144 000　　C. $200 000　　D. $80 000
6. 某公司 2012 年 6 月 20 日自行建造的一条生产线投入使用，该生产线建造成本为 $740 万，预计使用年限为 5 年，预计残值为 $20 万。在采用年数总和法计算提取折旧的情况下，2012 年该设备应计提的折旧额为（　　）。
   A. $240 万　　B. $120 万　　C. $140 万　　D. $148 万
7. 某公司对原有生产线进行扩建。该生产线账面原始成本为 $300 万，已提折旧 $50 万。在扩建工程中，发生各项支出 $130 万，同时处理废料发生变价收入 $5 万。该生产线扩建后大大提高了生产能力，则生产线新的成本应为（　　）。
   A. $430 万　　B. $400 万　　C. $425 万　　D. $375 万
8. 某公司因自然灾害造成设备毁损，其原始成本为 $300 000，已提折旧 $80 000，支付清理费用 $10 000，保险公司赔款 $30 000，设备残值变价收入 $20 000，则计入当期设备损失的金额为（　　）。
   A. $200 000　　B. $220 000　　C. $40 000　　D. $180 000
9. 下列有关加速折旧法的陈述中，不正确的是（　　）。
   A. 公司在其提交给股东的财务报告中普遍使用直线法
   B. 与直线法相比，加速折旧法在厂场资产的使用早期交纳较少的所得税
   C. 在给税收当局的所得税报告中，大多数公司采用加速折旧法
   D. 加速折旧法早期折旧额较小，而后期折旧额较大
10. 下列陈述中，不正确的是（　　）。
   A. 加速折旧法比直线法和工作量法在资产使用年限内计提更多的折旧
   B. 厂场资产的原始成本、预计残值和预计有效使用寿命是计提折旧的因素
   C. 工作量法适合物质磨损对使用寿命起着主要影响的厂场资产

D. 土地是不计提折旧的

11. 某公司支付 $4 125 000 购买一座估计可开采 400 000 吨的铜矿，当铜矿开采完后，估计可将土地按 $125 000 的价格出售，当年开采和销售了 80 000 吨铜矿石，当年的折耗为（　　）。

A. $825 000　B. $800 000　C. $850 000　D. $4 000 000

12. 下列项目中，不确认为无形资产的是（　　）。

A. 特许权　B. 合并商誉

C. 商标权　D. 研究和开发成本

三、多项选择题

1. 厂场资产的特征主要包括（　　）。

A. 使用寿命较长，通常超过 1 个会计年度

B. 既可用于企业生产经营，也可用于出售

C. 用于企业生产经营活动而不是为了转手出售

D. 为有形资产，具有实物特征

2. 企业自建的建筑物成本包括建造过程中实际发生的（　　）。

A. 材料成本　B. 人工成本

C. 建筑师费　D. 应予资本化的借款利息

3. 企业外购设备的成本一般包括（　　）。

A. 销售税　B. 运输途中保险费

C. 装配或安装费　D. 试车费

4. 下列有关折旧方法的表述中，正确的有（　　）。

A. 采用直线法在资产使用早期报告的收益要比采用加速折旧法报告的收益高

B. 当一项资产所带来的收益在其使用寿命内比较均衡时，采用直线法是合适的

C. 采用加速折旧法，使企业在资产使用早期获得较大的现金流入量

D. 双倍余额递减法常用于提交给股东的财务报告

5. 下列有关折旧方法的表述中，正确的有（　　）。

A. 采用加速折旧法在资产使用早期缴纳的所得税要比采用直线法少

B. 年数总和法是美国税法所允许的对纳税人最有利的折旧方法

C. 工作量法适合于损耗程度取决于工作量而非使用期间的厂场资产

D. 采用不同的折旧方法在固定资产预计使用寿命内计提的折旧总额都相同

6. 下列有关厂场资产后续支出的表述中，正确的有（　　）。

A. 对厂场资产进行日常维护修理和保养工作所发生的支出应当费用化

B. 资本支出可以提高一项资产的生产能力或可延长其使用寿命

C. 如果改良工程提高了厂场资产的生产能力，则改良支出应追加到该项厂场资产的成本中

D. 如果改良工程仅延长了厂场资产的使用寿命，改良支出将冲减该项厂场资产的累计折旧

7. 当厂场资产出现下列（　　）情况时，企业必须进行减值测试。

A. 资产的市价在最近出现大幅度下跌

B. 资产的使用方式和控制方式发生变更对企业经营产生重大影响

C. 公司预见继续使用资产会产生损失

D. 不利的经营环境或法律政策严重影响资产

8. 下列有关自然资源的表述中，正确的有（　　）。

A. 自然资源与厂场资产一样可以重置

B. 自然资源在开采或采伐过程中实体逐渐减少

C. 自然资源通过开采所得的产物直接成为可供销售商品

D. 自然资源只有在开采或采伐时才计提折耗

9. 无形资产的主要特征有（　　）。

A. 没有实物形态

B. 能为企业带来未来经济利益

C. 持有的目的是准备用于出售

D. 所提供的未来经济利益具有高度的不确定性

10. 下列有关无形资产的表述中，正确的有（　　）。

A. 无形资产通常表现为企业所拥有的某种权利或特权

B. 外购无形资产的成本一般包括买价和支付的各种费用

C. 对于使用期有限的无形资产，其成本应当在预计有效经济寿命期限内进行摊销

D. 无形资产摊销时，通常直接贷记有关无形资产账户

四、计算分析及会计处理题

1. 拉里公司当期取得厂场资产发生的各项成本费用如下：

购买土地及其附着的旧建筑物支付现金	\$85 000
拆除旧建筑物费用	7 000
购入土地佣金	2 000
土地测量费用	4 000

补缴土地财产税	3 000
支付建筑承包商费	300 000
支付建筑师设计费	15 000
支付草地喷灌系统	13 000
支付停车场照明系统	17 000
铺设停车场支付	25 000
购入机器设备的发票价格	48 000
购入机器运输费	21 000
机器安装和试车费	9 000
支付美化环境费用	16 000

要求：确定土地、土地改良、建筑物和机器设备的原始成本。

2. 以下是汤姆公司为生产产品而购买一台机器的有关支出：

发票价格	\$50 000
付款条件	2/10、n/30
销售税	2 500
运输费	3 000
安装费	2 500
试车和调整费	1 500
机器操作工人培训费	2 000

除发票价格和销售税外，其余用现金支付。

要求：

(1) 计算应计入企业账户的机器原始成本。

(2) 编制购买机器的会计分录。

3. 彼德公司从一家企业购入一座旧工厂，以现金支付购价总额 \$900 000，包括土地、厂房和机器。该工厂的财产税清单对各项财产估定的价值如下：

土地	\$160 000
房屋	360 000
机器	280 000

要求：

(1) 将该工厂的总购买价款分配到彼德公司的各项资产中。

(2) 编制购买资产的会计分录。

4. 瑞姆公司采用分期付款方式购买机器设备一台，首付现金 \$100 000，余款分两年付清，每年末支付 \$218 175。假定销售方确定的年利率为 6%。

要求：

（1）计算该设备的购置成本和各年的利息费用。

（2）编制购置机器设备时的会计分录。

（3）编制两次分期付款时的会计分录。

5. 1月2日，哈里公司购入一台冲压机，用来制造某产品的主要配件。该设备的成本为 \$36 000，估计使用寿命为 4 年或冲压 80 000 个冲件，报废时估计能按 \$2 000 出售。

要求：按照下列各种折旧方法计算每年的折旧费：

（1）直线法。

（2）工作量法，假定第 1 至 4 年每年生产的冲件分别为 16 000、24 000、22 000 和 18 000 件。

（3）双倍余额递减法。

（4）年数总和法。

6. 利马公司于 2012 年 9 月初购入机器设备一台，其原始购置成本为 \$60 000，估计残值为 \$6 000，估计使用寿命为 5 年。

要求：

（1）采用双倍余额递减法计算该机器设备 2012 年和 2013 年应计提的折旧额，并编制 2013 年计提折旧的会计分录。

（2）采用年数总和法计算该机器设备 2012 年和 2013 年应计提的折旧额。

（3）该机器设备分别采用上述两种折旧方法，在计提完最后一年折旧后的账面净值各是多少？

7. 贝尔公司于 2012 年 1 月 1 日购进一套机器设备，有关资料如下：

（1）设备的发票价格为 \$80 000，付款条件：2/10，n/30。

（2）支付设备运输费 \$1 200、安装费 \$1 600 和有关税款 \$1 600。

（3）该公司于 1 月 10 日付清全部价款。

（4）公司估计该设备的有效使用寿命为 4 年，估计残值为 \$2 800，使用直线法计提折旧。

（5）在有效使用寿命内的第 3 年，该设备发生后续支出如下：机油及润滑油 \$480，更换皮带及软管 \$1 520；年末最后一周进行大修改良，更换引擎支出 \$15 000，支付工资 \$1 400，改良后设备的估计有效使用寿命将从 4 年延长至 6 年，估计残值从 \$2 800 增至 \$3 200。

要求：

（1）确定该设备的原始成本，并编制取得设备各项业务的会计分录。

（2）编制第3年有关该设备后续支出的会计分录。

（3）计算该设备改良后重新修订的每年折旧额。

8. 普特公司3年前购置机器设备一台，原始成本为 \$80 000，估计使用寿命为8年，残值为 \$8 000，采用直线法计提折旧。公司在第3年年末对该机器进行大修改装，改装后可大大提高生产能力，且估计残值从 \$8 000 增至 \$9 000。此次大修改装耗费原材料 \$6 000，支付工资 \$3 000，其他现金支出为 \$2 000。

要求：

（1）编制有关大修改装业务的会计分录。

（2）计算第四年应计提的折旧额，并编制会计分录。

9. 海姆公司年初购入一辆运货卡车，其原始成本为 \$20 000，预计使用寿命为5年或行驶里程为100 000公里，预计寿命期末将有残值 \$2 000。

要求：

（1）分别采用直线法、工作量法、双倍余额递减法和年数总和法计算第2年的折旧额，假定第二年行驶里程为27 000公里。

（2）该卡车在使用年限终结时报废，变卖所得现金 \$3 200。假定采用直线法计提折旧，编制有关报废清理的会计分录。

（3）假定采用直线法计提了4年折旧后，于第五年5月初以该卡车交换一辆价值 \$19 000 的新卡车。旧卡车作价 \$4 000，差额用现金支付，编制交换业务的会计分录。

10. 某公司于2011年1月1日购入机器设备一台，原始成本为 \$56 000，估计使用寿命6年，估计残值为 \$2 000，采用直线法计提折旧。由于不再需要，该台设备于2013年5月25日出售，实得现金 \$30 000，并用现金支付清理费用 \$1 000。

要求：编制该项设备出售的会计分录。

11. 矿山公司购入一块土地，估计其蕴藏有可以开采的煤800万吨，该公司支付购买价 \$4 000 000，而后为筑路和购置采掘设备支出了 \$400 000。预计当煤矿采掘完后，公路和设备已丧失其价值，但土地尚可售得 \$320 000。假定2013年共开采煤600 000吨，其中售出了500 000吨。

要求：计算2013年应计提的折耗费，并编制有关会计分录。

12. 杰西矿业公司以 \$500 000 购入一座矿山，估计蕴藏媒100万吨。在开采前，杰西公司支出了下列费用：

地质勘探费用	\$14 000
为获得所有权而支付的法律手续费	5 000
建筑矿坑入口和排水设备	42 000
建造地面运输及装载设备	89 000

杰西公司预计在所有煤藏采完后，该矿尚能按 $80 000 出售。运输及装载设备的某些部分尚能按 $20 000 出售。在出售此矿前，估计要花费处置费 $11 000，使其符合政府关于废弃矿坑的安全和生态标准的规定。

要求：

（1）计算每吨煤应提的折耗费。

（2）2013 年开采煤 90 000 吨，其中出售了 83 000 吨，计算应计提的折耗费，并编制有关会计分录。

（3）计算 2013 年末存货 7 000 吨煤的成本，除折耗费外，其他开采费用平均每吨 $2.5。

13. 山姆公司于 2013 年初开始营业，并在年初发生了下列经济业务：

（1）以现金支付公司开办过程中发生的有关各项费用共计 $40 000。

（2）以 $400 000 购买一块筑有房屋的土地，这幢房屋将在经营中使用，估计其使用寿命为 10 年，残值为 $10 000。为了交纳财产税，按财产税要求估定的土地价值为 $126 000，房屋价值为 $294 000。

（3）以现金 $90 000 获得一项为期 10 年的生产某商品的专利权。

（4）以现金购入一套设备，发票价格为 $230 000，支付所购设备的运费 $6 000。估计该设备的使用寿命为 5 年，预计残值为 $23 600。

要求：

（1）为以上经济业务编制会计分录。

（2）假定设备采用双倍余额递减法计提折旧，房屋采用直线法计提折旧，开办费按 5 年期摊销，专利权的预计有效经济寿命为 6 年。计算 2013 年应计提的房屋和设备的折旧额以及开办费和专利权的摊销额，并编制有关会计分录。

第八章

流动负债

一、**判断题**（对下列表述认为正确的以“√”表示，认为错误的以“×”表示）

1. 企业未来经济业务产生的负担可以确认为负债。（　　）
2. 应付产品质量担保债务属于应付金额视经营情况而定的流动负债。（　　）
3. 应付账款的入账金额应当以买卖双方共同确定的成交价格为基础。（　　）
4. 应付票据账户的账面余额为票据的票面金额。（　　）
5. 应付销售税是企业本身承担的一项税金支出。（　　）
6. 企业应在收到财产税账单时确认应付财产税这一债务责任。（　　）
7. 由企业缴纳的，按照其雇员工薪额计征的工薪税是企业的一项费用支出。（　　）
8. 已贴现的应收票据是企业的一项估计负债。（　　）
9. 公司某一年发生的经营净损失可以追溯来抵销以前年度的收益，或者结转来抵销未来年度的收益。（　　）
10. 永久性差异在本期发生，不会在以后各期转回；暂时性差异发生于某一会计期间，但在以后的一期或若干期内能够转回。（　　）

二、**单项选择题**

1. 属于应付金额确定的流动负债的项目是（　　）。

A. 应交所得税　　B. 应付财产税
C. 应付工薪　　D. 应付股利

2. 在总价法下，如果企业购入的商品在形成应付账款时带有现金折扣条件，则应付账款的入账金额为（　　）。

A. 扣除现金折扣后的金额　　B. 不扣除现金折扣的金额
C. 到期应付账款的现值　　D. 应付账款金额加利息

3. 某公司 2013 年 10 月 1 日开出一张面值 $100 000、6 个月到期的本票，票面利率为 5%，则 2013 年 12 月 31 日该公司应计提的利息费用为（　　）。

A. $1 250　　B. $0　　C. $5 000　　D. $2 500

4. 下列项目中，仅对企业征收，不从雇员的工薪中扣除的是（　　）。

A. 联邦保险税　　B. 工会会费　　C. 雇员所得税　　D. 失业保险税

5. 不属于由企业本身应承担的应付税款是（　　）。

A. 应付失业保险税　　B. 应付销售税

C. 应付所得税　　D. 应付财产税

6. 下列哪种类型的或有负债最有可能在资产负债表中发现：（1）很可能会发生且可以估计金额的或有负债；（2）可能发生的或有负债；（3）不大可能发生的或有负债。

A. 只有（1）　　B.（1）和（2）

C.（1）、（2）和（3）　　D. 只有（2）

7. 对于以下或有负债，企业在资产负债表附注中不需要披露的是（　　）。

A. 由于环保争议极小可能发生的罚款

B. 因通融票据保证形成的或有负债

C. 未决诉讼或未决仲裁形成的或有负债

D. 因应收账款让售形成的或有负债

8. 根据下面账户余额，计算出流动负债的正确金额为（　　）。

应收账款	$5 000	应付账款	$6 300
预收收入	900	租金费用	1 200
销售收入	46 300	应付销售税	3 700
应付保证估计负债	800	应付票据	1 300
累计折旧	700		

A. $12 100　　B. $61 200　　C. $13 000　　D. $59 300

9. 税务会计原则允许扣减的项目是（　　）。

A. 估计的保证义务费用

B. 交易性证券未实现的持有利得或损失

C. 当期记入损益的资产减值损失

D. 当期支付的雇员薪金

10. 下列项目中，导致永久性差异的是（　　）。

A. 预收收入　　B. 投资于市政债券的利息收入

C. 退休金以外的退休后福利　　D. 估计的产品保证费用

三、多项选择题

1. 下列能够形成企业流动负债的业务有（　　）。
   A. 企业购货签发一张 3 个月期本票
   B. 企业宣告分配给股东现金股利
   C. 企业向银行借入 5 年期贷款
   D. 企业根据双方协议商定预先收取货款
2. 属于应付金额确定的流动负债项目有（　　）。
   A. 应付账款　　B. 预收收入　　C. 应付工薪　　D. 应付票据
3. 属于应付金额视经营情况而定的流动负债项目有（　　）。
   A. 应付财产税　　B. 应交所得税
   C. 应付产品质量担保债务　　D. 应付股利
4. 属于企业代收代缴的应付税款是（　　）。
   A. 应付失业保险税　　B. 应付销售税
   C. 应付联邦保险税　　D. 应付雇员所得税
5. 下列有关或有负债的陈述中，正确的有（　　）。
   A. 如果一项损失或费用很可能会发生，应合理地估计金额，并记录为负债
   B. 如果一项损失或费用可能发生，则应在财务报表的附注内加以说明
   C. 如果一项损失或费用不大可能发生，则不在财务报表中报告
   D. 或有负债是将来可能会因发生某种情况或某种意外而需要企业负清偿责任的债务
6. 税务会计原则不允许扣减的项目有（　　）。
   A. 估计的产品质量担保费用　　B. 企业的过时存货
   C. 当期记入损益的资产减值损失　　D. 退休金以外的退休后福利

四、计算分析及会计处理题

1. 金利公司发生如下经济业务：

（1）1 月 10 日，赊购商品 \$40 000，付款条件：2/10，n/30，公司采用永续盘存制。

（2）1 月 15 日，公司从商业银行取得贷款 \$300 000。公司为此签发了一张面值 \$300 000、年利率 12%、6 个月到期的本票。

要求：

（1）编制上述业务发生时的会计分录。

（2）编制在折扣期限以内支付货款的会计分录。

（3）编制在折扣期限以后支付货款的会计分录。

（4）编制票据到期日支付本金及利息的会计分录。

2. 波士公司在2012年12月份的有关业务资料如下：

（1）1日，向KF公司购入$80 000商品，签发一张面值$80 000、60天期、年利率9%的本票，存货计量采用永续盘存制。

（2）12日，从AM公司赊购商品$16 000，付款条件：2/10，n/30。

（3）14日，宣布发放现金股利$20 000，将在2013年1月份支付。

（4）20日，预收PM公司购货款$30 000，将在2013年2月份发货。

（5）22日，用现金支付12日从AM公司赊购商品款。

（6）25日，向XY公司赊购办公用品$580。

（7）波士公司在12月份尚欠雇员薪金$1 000。

要求：编制上述12月份有关业务的会计分录，包括年末所需的调整分录。

3. 2012年11月1日，曼科公司开出一张面值为$120 000、年利率为10%、6个月到期的本票从银行取得贷款，并在票据到期日支付票据的本金和利息。公司的会计年度在12月31日结束。

要求：

（1）编制11月1日取得贷款业务的会计分录。

（2）编制会计期末必要的调整分录。

（3）编制票据到期日偿还本金及利息的会计分录。

（4）假定上述贷款业务采用应付票据贴现方式取得贷款，银行贴现率为10%。请重新编制上述业务的会计分录。

4. 华旗公司在2012年内发生下列业务：

（1）8月1日，购入一台机器设备，价款为$80 000，支付现金$20 000，余款签发一张6个月期、年利率10%的本票。

（2）9月10日，购入另一台机器设备，发票价为$24 000，付款条件：2/10，n/60。

（3）9月20日，支付9月10日购置设备款项。

（4）10月1日，出租设备一台，收取租金$12 000。租期从10月1日起至下年3月底结束。

（5）11月1日，开出一张面值为$63 600、6个月期的本票取得贷款，实得现金$60 000，该票据将于下年5月1日到期。

要求：

（1）编制上述各项业务的会计分录。

（2）编制当年年末的各项调整会计分录。

5. 斯马特商店 2013 年 7 月的销售收入总额为 $315 000，其中包括了代征的销售税。假定销售税率为 5%。

要求：

（1）编制销售业务的会计分录。

（2）编制 7 月末应付销售税的会计分录。

（3）编制 8 月汇交代征销售税的会计分录。

6. 美尔公司的会计年度结束于 12 月 31 日，而公司所在城市的财政年度是 7 月 1 日至下年 6 月 30 日，地方管理机构规定财产税的缴纳日期为每年 10 月 31 日。2012 年 7 月 1 日公司估计的全年财产税额为 $72 000。2012 年 10 月 20 日公司接到地方管理机构的财产税账单，共计财产税 $75 600。

要求：编制 2012 年 7 月至 2013 年 6 月每个月有关财产税费用的会计分录。

7. 立德公司的会计年度结束于 12 月 31 日，公司所在城市于每年 10 月 1 日征收财产税，地方管理机构规定财产税在 10 月 20 日和下年 4 月 20 日分两次缴纳，税收则属于当年 7 月 1 日至下年 6 月 30 日的城市财政年度。立德公司在 2012 年 7 月 1 日估计的全年财产税额为 $114 000。2012 年 10 月 1 日收到的 2012－2013 年城市财政年度的财产税税单为 $120 000，并于 2012 年 10 月 20 日和 2013 年 4 月 20 日各缴纳 50%。

要求：

（1）编制 2012 年 7、8、9 三个月财产税费用的会计分录。

（2）编制 2012 年 10 月 20 日缴纳财产税的会计分录。

（3）编制 2012 年 10、11、12 三个月财产税费用的会计分录。

（4）在 2012 年 12 月 31 日的资产负债表是否有应付或预付财产税余额？

（5）编制 2013 年 1、2、3 三个月财产税费用的会计分录。

（6）编制 2013 年 4 月 20 日缴纳财产税的会计分录。

（7）编制 2013 年 4、5、6 三个月财产税费用的会计分录。

8. 马丁公司 2013 年 1 月份有关雇员工薪及工薪税资料如下：

管理人员薪金	$38 000
销售人员薪金	102 000
预扣雇员所得税	17 200
预扣雇员联邦保险税	10 500
预扣雇员工会会费	1 800

失业保险税　　　　　　　　5 000

要求：编制工薪费用、工薪税费用以及支付工薪的会计分录。

9. 阿里公司 2013 年 5 月份有关雇员工薪及工薪税资料如下：

管理人员薪金	$36 000
销售人员薪金	52 000
预扣雇员所得税	10 400
雇员联邦保险税税率	8%
失业保险税税率	4%

假定雇员中每个人的工薪累计额都在应征税的限额之下。

要求：编制工薪费用、工薪税费用以及支付工薪的会计分录。

10. 沃尔科技公司制造的加热器每台售价 $500，在该产品售出后承担 12 个月的免费保修责任。根据以往的经验，公司认为有缺陷的产品占 4%，每台修理费平均为 $80。某月的销售收入为 $500 000。在出售后的当月已发现 10 台有缺陷并在当月修复，共支付修理费 $780，其中，耗用材料 $240，人工 $380，其他以现金支付的费用 $160。第二个月又有 12 台发现有缺陷并已修复，共支付修理费 $1 140，其中，耗用材料 $470，人工 $460，其他以现金支付的费用 $210。

要求：

（1）编制当月发生产品保修费用的会计分录。

（2）计算月末应付产品保证估计负债，并编制会计分录。

（3）编制第二个月发生产品保修费用的会计分录。

11. 美好公司出售一种食品搅拌器，并对产品缺陷承担 60 天免费保修责任。根据可靠的统计分析，在售出的产品中，在保修期内将有 2% 会发现有缺陷，其所需修理费平均为每件 $50。以下数据是该公司近期的记录：

	5 月份	6 月份	7 月份
出售产品（件）	10 000	12 000	20 000
修复的有缺陷产品（件）			
属于 5 月份出售的	80（$4 800）	100（$4 200）	10（$560）
属于 6 月份出售的		70（$3 560）	120（$5 740）
属于 7 月份出售的			60（$3 240）

括号内的金额为实际发生的修理费。

要求：编制各月份发生的产品保修费（假设修理费均用现金支付）和每月末产品保证费用估计负债的会计分录。

12. 环球公司 2012 年发生如下经济业务：

（1）3 月 15 日，购买一台机器设备，价款 $72 000，支付现金 $12 000，余款开具一张面值 $60 000、年利率 8%、4 个月期的本票。

（2）4 月 23 日，出具一张面值 $100 000、2 个月期的本票，按 9% 贴现率向银行贴现贷款。

（3）6 月 23 日，偿还 4 月 23 日向银行贴现贷入的款项。

（4）7 月 15 日，偿付 3 月 15 日开出的票据本金及利息。

（5）10 月 1 日，向 KGM 公司赊购商品一批，价款为 $48 000，付款条件为：2/10，n/30。

（6）11 月 1 日，支付现金 $3 000，余款出具一张面值 $45 000、3 个月期、年利率 8% 的本票偿还所欠 KGM 公司的账款。

（7）12 月 1 日，出具一张面值 $160 000、3 个月期的本票，按 9% 贴现率向银行贴现贷款。

（8）12 月 31 日，调整 11 月 1 日的应付票据利息。

（9）12 月 31 日，调整 12 月 1 日的应付票据利息。

（10）2013 年 2 月 1 日，偿还上年 11 月 1 日开给 KGM 公司的票据款及利息。

（11）2013 年 3 月 1 日，偿还上年 12 月 1 日向银行贴现的票据款。

要求：编制上述各项业务的会计分录。

13. 假定沃尔森公司 2012 年 1 月 1 日购进一项价值 $50 000 的设备，估计使用寿命为 4 年，估计残值为 $5 000。沃尔森公司对外报告采用直线法计算折旧，而在确定应税所得时采用双倍余额递减法，假定这是税前账面收益与应税所得之间唯一的暂时性差异。从 2012 年至 2015 年的四年间，每年未扣减折旧费的税前收益均为 $50 000，所得税率为 30%。

要求：

（1）编制每年的所得税费用、应税所得、应交所得税和因时间性差异导致的递延所得税的计算表。

（2）编制每年有关应付所得税业务的会计分录。

第九章

金融工具：长期负债和长期债权投资

一、判断题（对下列表述认为正确的以"√"表示，认为错误的以"×"表示）

1. 发行公司债券筹资不会影响股东的投资比例及其对企业的控制权。（　　）

2. 公司债券溢价或折价发行主要是因债券发行时的票面利率与市场利率不同所致。（　　）

3. 债券发行公司应按票面利率计算自己应负担的利息费用，按市场利率计算定期向债券投资人实际支付的利息。（　　）

4. 如果债券的票面利率低于市场利率，则债券以高于债券面值的价格发行。（　　）

5. 应付债券应当按照企业实际发行债券的面值总额计价。（　　）

6. 应付债券的溢价或折价是对发行公司以后多付利息的事先收回或是对投资人以后少得利息的预先补偿。因此，溢价或折价摊销是发行债券公司在债券存续期内对利息费用的一种调整。（　　）

7. 债券赎回价格与债券账面价值之间的差额一般作为企业经营损失或收益处理。（　　）

8. 在资本租赁方式下，虽然出租人仍保留租赁资产的所有权，但承租人除支付租金外，还必须承担诸如保险、税金、维修保养以及折旧等因持有资产而发生的费用。（　　）

9. 在资本租赁方式下，承租人每期所支付的最低租金额就是租赁负债减少额。（　　）

10. 折价购入公司债券收取的现金利息通常低于应赚得的利息收入。（　　）

二、单项选择题

1. 计算债券发行公司定期应向债券投资人支付利息的利率是（　　），计算债券发行公司自己应负担利息费用的利率是（ ）。

A. 市场利率、票面利率　　B. 票面利率、票面利率

C. 票面利率、市场利率　　D. 市场利率、市场利率

2. 下列有关公司债券的表述中，不正确的是（ ）。

A. 债券折价或溢价是公司因发行债券所产生的损失或收益

B. 如果债券的票面利率与发行时的市场利率相等，则债券按面值发行

C. 折价或溢价是发行债券公司在债券存续期内对利息费用的一种调整

D. 债券溢价或折价发行主要是因发行时的票面利率与市场利率不同所致

3. 如果某公司以溢价发行面值 $500 000、利率 10% 的公司债券，则（ ）。

A. 借记“现金”的金额大于贷记“应付债券”的金额

B. 债券到期值大于支付利息和本金的现值之和

C. 市场利率一定小于票面利率

D. A 和 C 都正确

4. 1 月 1 日，某公司以 85 的价格发行面值为 $800 000、利率 9%、10 年期的公司债券，每年 6 月 30 日和 12 月 31 日支付利息，发行时的市场利率为 11%。假定采用实际利率法摊销，则第一年 12 月 31 日的折价摊销额为（ ）。

A. $5 157　　B. $1 477　　C. $13 400　　D. $6 523

5. 若公司折价发行债券，并采用实际利率法摊销。下列陈述中正确描述公司财务报表的是（ ）。

A. 资产负债表中应付债券的账面价值逐期减少

B. 每期的利息费用大于支付的现金利息

C. 支付的现金利息是按账面价值的固定百分比计算的

D. 应付债券折价将增加资产负债表中的负债

6. 某公司于 2013 年 1 月 1 日发行面值为 $5 000 000、利率 6%、5 年期的公司债券，实际收到发行价款 $5 220 000。该债券每年末付息一次，债券溢折价采用实际利率法摊销，债券发行时的市场利率为 5%。该公司 2013 年应确认的债券利息费用为（ ）。

A. $300 000　　B. $261 000　　C. $313 200　　D. $250 000

7. 某公司于 2013 年 1 月 1 日发行面值 $2 000 000、利率 10%、3 年期的公司债券，实际收到发行价款 $1 970 000。该债券每年末付息一次，债券溢折价采用直线法摊销。该公司 2013 年应确认的债券利息费用为（ ）。

A. $210 000　　B. $190 000　　C. $200 000　　D. $197 000

8. 某公司于 2013 年 1 月 1 日发行面值为 $5 000 000、利率 6%、5 年期的公司债

券，实际收到发行价款 \$5 220 000。该债券每年末付息一次，债券溢折价采用实际利率法摊销，债券发行时的市场利率为 5%。该公司 2013 年 12 月 31 日应付债券的账面价值为（　　）。

A. \$5 181 000　　B. \$5 209 000　　C. \$5 206 800　　D. \$5 170 000

9. 某公司于 2012 年 7 月 1 日发行面值 \$1 000 000、利率 8%、4 年期的公司债券，实际收到发行价款 \$976 000，债券每年 6 月 30 日和 12 月 31 日付息，该公司对债券溢折价采用直线法摊销。该公司 2013 年 12 月 31 日应付公司债券的账面价值为（　　）。

A. \$982 000　　B. \$994 000　　C. \$985 000　　D. \$979 000

10. 兰斯公司已发行了面值为 \$600 000、利率 8%、5 年期的公司债券。兰斯公司当前以 101.5 的价格将该债券提前赎回，且赎回时应付债券的账面价值为 \$604 000。下列会计分录中，哪一项不属于赎回分录的内容（　　）。

A. 借记“债券赎回损失” \$5 000　　B. 贷记“现金” \$609 000

C. 借记“应付债券” \$604 000　　D. 借记“应付债券溢价” \$4 000

11. 符合资本租赁的标准之一是：就承租人而言，在租赁开始日，最低租金支付额的现值等于或超过（　　）。

A. 最低租金支付额

B. 租赁资产公平市价的 90%

C. 租赁资产公平市价减去出租人享有的任何相关投资税收优惠后的净值的 90%

D. 租赁资产公平市价减去出租人享有的任何相关投资税收优惠后的净值

12. 在资本租赁下，企业在租赁开始日应将（　　）作为一项资产和负债予以记录。

A. 最低租金支付额的现值　　B. 租赁开始日租赁资产的公平市价

C. 最低租金支付额　　D. A 与 B 的较低者

13. 取得长期债券投资后，长期债券投资的账面价值是（　　）。

A. 投资时的取得成本

B. 取得的公司债券面值

C. 投资时的取得成本加上折价摊销额或减去溢价摊销额

D. 投资时的取得成本加上溢价摊销额或减去折价摊销额

14. 兰斯公司 1 月 1 日以 85 的价格购买威利公司发行的面值为 \$800 000、利率 9%、10 年期的公司债券，购买时的市场利率为 11%，每年 6 月 30 日和 12 月 31 日支付利息。兰斯公司采用实际利率法摊销溢折价，则第一年 6 月 30 日兰斯公司取得的利息收入为（　　）。

A. \$44 000　　B. \$36 000　　C. \$30 600　　D. \$37 400

三、多项选择题

1. 企业以发行公司债券的方式来筹集长期资金的好处有（　　）。
   A. 如果投资活动取得成功，能提高股东投资收益
   B. 可以转移通货膨胀风险
   C. 不会影响企业股东的投资比例及其对企业的控制权
   D. 可以给企业带来税收上的好处
2. 公司发行的债券一般要列明的内容有（　　）。
   A. 债券面值　　B. 票面利率
   C. 到期日　　D. 付息日
3. 公司债券发行时的实际价格由（　　）组成。
   A. 债券面值按发行时的市场利率折算的现值
   B. 各期支付的现金利息按发行时的票面利率折算的现值
   C. 债券面值按发行时的票面利率折算的现值
   D. 各期支付的现金利息按发行时的市场利率折算的现值
4. 下列有关公司债券的表述中，正确的有（　　）。
   A. 如果债券的票面利率高于发行时的市场利率，则债券折价发行
   B. 溢价的实质是债券发行公司向债券购买者预先收回后期多付的利息
   C. 如果债券的票面利率低于发行时的市场利率，则债券溢价发行
   D. 折价的实质是债券发行公司预先给予债券购买者的额外利息补偿
5. 下列项目中，符合资本租赁条件的有（　　）。
   A. 租赁期等于或超过租赁资产预计经济寿命的75%
   B. 租赁期满后，租赁资产的所有权转归承租人所有
   C. 租赁合同中规定承租人对于租赁资产具有以廉价购买的选择权
   D. 租赁开始日，最低租金支付额的现值等于或超过租赁资产公平市价减去出租人享有的任何相关投资税收优惠后的净值
6. 下列有关长期债权投资的表述中，正确的有（　　）。
   A. 投资于公司债券属于持有至到期证券
   B. 长期债权投资的账面价值是摊余成本
   C. 折价摊销使长期债权投资的账面价值逐步上升
   D. 溢价购入公司债券收取的现金利息通常高于应赚得的利息收入

四、计算分析及会计处理题

1. 你购买的债券的面值为 $10 000，每半年支付 9% 的利息，5 年到期。如果你希望在你的投资上每半年赚得 8% 的利息，那么你愿意为债券支付的购买价格是多少？

2. 鑫达公司通过发行公司债券的方式来筹集资金。公司债券的发售日为 2012 年 1 月 1 日，且按发售价格全部收到现金。该债券将于 2015 年 12 月 31 日到期，每年的 12 月 31 日支付利息一次。以下是各期利息及折价或溢价的摊销计算表：

日　　期	支付利息	利息费用	摊销额	应付债券账面价值
2012 年 1 月 1 日				$517 324
2012 年 12 月 31 日	$35 000	$31 039	$3 961	513 363
2013 年 12 月 31 日	35 000	30 802	4 198	509 165
2014 年 12 月 31 日	35 000	30 550	4 450	504 715
2015 年 12 月 31 日	35 000	30 285	4 715	500 000

要求：

（1）指出上述公司债券的到期值和发行价格。

（2）该公司债券是折价还是溢价发行？折价或溢价金额是多少？

（3）该公司债券的票面利率是多少？

（4）折价或溢价是采用什么方法摊销的？实际利率为多少？

3. 格林公司于 2013 年 1 月 1 日发行面值为 $1 000、票面利率 10%、5 年期、每半年付息一次的公司债券 2 000 份。发行当时的市场利率为 12%，债券溢折价采用直线法摊销。

要求：

（1）计算公司债券的发行价格。

（2）编制公司债券发行时的会计分录。

（3）编制第一个付息日的有关会计分录。

4. 格恩公司于 2013 年 1 月 1 日发行面值为 $1 000 000、5 年期、票面利率为 10% 的公司债券，债券每半年支付一次利息，付息日为 6 月 30 日和 12 月 31 日。发行时的市场利率为 8%。

要求：

（1）计算公司债券的发行价格，并编制采用实际利率法的债券溢价摊销表（只编制 2 年 4 期）。

（2）编制债券发行和 2013 年支付利息时的会计分录。

（3）列出债券在 2013 年 12 月 31 日资产负债表上所报告的内容。

5. 希尔公司 2013 年 1 月 1 日发行面值为 \$500 000、5 年期、票面利率为 9% 的公司债券，债券每半年支付一次利息，付息日为 6 月 30 日和 12 月 31 日。发行时的市场利率为 10% 。

要求：

（1）计算公司债券的发行价格，并编制采用实际利率法的债券折价摊销表（只编制 2 年 4 期）。

（2）编制债券发行和 2013 年支付利息时的会计分录。

（3）列出债券在 2013 年 12 月 31 日资产负债表上所报告的内容。

6. 里奇公司 2012 年 1 月 1 日按 98 价格折价发行面值为 \$1 000、10 年期、票面利率为 8% 的公司债券 400 份。债券利息于每年 1 月 1 日和 7 月 1 日支付，采用直线摊销法摊销溢折价。

要求：编制以下业务的会计分录。

（1）债券发行时。

（2）第一次支付利息时。

（3）2012 年 12 月 31 日调整应计利息。

（4）公司在 2016 年 1 月 2 日按 104 的价格赎回全部债券。

7. 高斯公司在 2012 年 1 月 1 日按 105 价格溢价发行面值为 \$200 000、10 年期、票面利率为 9% 的公司债券，每年 6 月 30 日和 12 月 31 日支付债券利息，采用直线摊销法摊销溢折价。

要求：

（1）编制 2012 年与债券有关的所有会计分录。

（2）编制 2017 年 1 月 1 日按 103 的价格赎回全部债券的会计分录。

8. 沃森公司目前发行在外的可转换公司债券的账面价值为 \$1 250 000，债券到期值为 \$1 300 000。当前由于该公司的股票价格不断上涨，债券持有者将债券全部转换为每股面值为 \$1 的普通股股票 500 000 股。

要求：编制将公司债券转换为普通股的会计分录。

9. 以下是强森公司 2012 年和 2013 年的部分经济业务：

（1）2012 年 1 月 1 日，按 1997 年的价格发行票面利率为 6% 、15 年期、面值为 \$100 000 的可转换公司债券，利息于 1 月 1 日和 7 月 1 日支付。转换条件为：面值 \$1 000 的债券可转换为面值 \$1 的公司普通股 800 股。

（2）2012 年 7 月 1 日，支付债券利息并摊销债券折价（按直线摊销法）。

（3）2012 年 12 月 31 日，调整债券应计利息并摊销债券折价。

（4）2013 年 1 月 1 日，支付债券利息。

（5）2013 年 1 月 2 日，将面值 \$100 000 的可转换公司债券全部转换为普通股股票。

要求：为上述业务编制会计分录。

10. 里奇公司于 2013 年初开具一张抵押票据，向银行借入一笔 4 年期、利率为 10%、本金为 \$500 000 的长期借款。该项借款要求在 4 年内分期等额偿还，且还款安排在每年年末。

要求：

（1）确定该公司每年等额的还款数额。

（2）编制分期还款利息计算表。

（3）编制借款和各期还款的会计分录。

11. 埃克森公司同 ABM 公司签订了一项设备租赁合同，其主要内容如下：租赁期为 4 年，租约不可撤销，预计租赁资产的经济寿命为 5 年；每年年末向 ABM 公司支付租金为 \$301 921；ABM 公司的租赁隐含利率为 8%，并为埃克森公司采用；埃克森公司所担保的残值为 \$150 000；租赁期满后，租赁资产所有权不转移给埃克森公司，该公司也无购买选择权。

要求：

（1）计算租赁资产的现值。

（2）为埃克森公司编制租赁开始日、第一年末和第二年末支付租金及摊销的会计分录。

12. 贝尔公司在 2012 年 4 月 1 日以 98 的价格购入面值总额为 \$100 000、票面利率为 6% 的格林公司债券。该债券于 2017 年 4 月 1 日到期，每年于 4 月 1 日和 10 月 1 日支付利息。贝尔公司准备持有该债券至到期，并采用直线摊销法摊销溢折价。

要求：

（1）分别对 2012 年 4 月 1 日、10 月 1 日、12 月 31 日和 2013 年 4 月 1 日与长期债券投资相关的业务编制会计分录。

（2）请说明 2012 年的资产负债表和收益表中长期债券投资及其投资收益的列报金额。

13. 亨利公司在第一个半年付息日，按 106 的价格购入 50 份 BP 公司 10 年期、年利率 7%、半年付息一次、面值为 \$1 000 的公司债券作为持有至到期投资，并采用直线摊销法摊销溢折价。

要求：为下述业务编制会计分录。

（1）以现金购买债券。

（2）收到债券的第二个半年利息并摊销债券溢价。

（3）在债券购入27个月后按99的价格加应计利息出售20份债券。

14. 奥地公司在2012年3月31日以108的价格购入利迈公司发行的债券作为持有至到期投资。该债券在2016年9月30日到期，到期值为$200 000，票面利率为8%，于每年3月31日和9月30日支付利息。奥地公司采用实际利率法摊销溢折价，实际利率为6%。

要求：

（1）编制长期债权投资溢价摊销表（到2014年止）。

（2）编制2012年及2013年3月31日与奥地公司长期债权投资业务相关的会计分录。

（3）如果奥地公司在2014年10月1日以104.5的价格提前出售债券投资，编制出售投资业务的会计分录。

第十章

股 东 权 益

一、判断题（对于以下表述，认为表述“正确”，填入“√”；认为表述“错误”，填入“×”）

1. 公司是会计主体，不是法律主体。（ ）
2. 股东向公司投资的损失额以其对公司的投资额为限。（ ）
3. 股东权益的主要来源是投入资本和留存收益。（ ）
4. 留存收益的余额表明公司拥有等额的用于分配股利的现金。（ ）
5. 公司对外发行股票引起实收资本和资产同增。（ ）
6. 发行在外为股东持有的股数等于额定股数与已发行股数之差。（ ）
7. 如果优先股的股利率为 8%，每股面值为 \$50，那么优先股的每股股利额为 \$4。（ ）
8. 尽管优先股股东拥有更多获得固定股利的机会，但是普通股股东拥有更多获得更高股利的机会。（ ）
9. 拖欠股利是公司的负债。（ ）
10. 当公司发行股票换取土地时，土地成本应按照发行股票的面值来计量。（ ）
11. 股票发行的溢价额在收益表中列作其他收益项目。（ ）
12. 发行无面值普通股，按照普通股的发行价格贷记普通股账户。（ ）
13. 出售库存股份的价格可能低于库存股份的回购价，由此产生的差额应借记出售库存股份损失。（ ）
14. 公司董事会宣布现金股利或股票股利的行为会减少公司的留存收益。（ ）
15. 股票股利会减少公司的股东权益且增加公司的负债。（ ）

二、单项选择题

1. 公司的缺点是（ ）。

A. 股东互为代理
B. 股东对公司负债承担无限责任
C. 受制于更多的政府管制
D. 所有权易于转让

2. 公司股东持有的股份称为（　　）。
A. 库存股份
B. 已发行股份
C. 发行在外股份
D. 额定股份

3. 下列各项中不属于普通股股东基本权利的是（　　）。
A. 表决权
B. 收益分配权
C. 管理权
D. 剩余资产分配权

4. 如果优先股有拖欠股利，该类优先股是（　　）。
A. 参加分派优先股
B. 可赎回优先股
C. 累积优先股
D. 可转换优先股

5. 公司发行 2 000 股普通股，获取现金 \$32 000。股票的设定价值为 \$10。发行股票的会计分录中应贷记普通股账户（　　）。
A. \$20 000　B. \$32 000　C. \$12 000　D. \$2 000

6. 公司发行股票换取非现金资产，经济业务的发生额等于（　　）。
A. 股票的面值
B. 股票的公平市价
C. 所换取资产的公平市价
D. 所换取资产或所发行股票的公平市价，取决于哪一个更客观

7. 库存股份是（　　）。
A. 财政部持有的股票
B. 属于公司发行在外股票，不属于公司已发行股票
C. 公司持有的公司未发行股票
D. 公司持有的公司已发行股票

8. 资产负债表中，库存股份的列报方式是（　　）。
A. 列作资产
B. 列作股东权益的减项
C. 列作股东权益的加项
D. 不应在资产负债表中列报

9. 某公司期末账户显示有普通股 \$500 000、增收资本 \$50 000、留存收益 \$180 000 以及库存股份 \$10 000。根据这些账户余额计算，股东权益额等于（　　）。
A. \$540 000　B. \$730 000　C. \$720 000　D. \$740 000

10. 库存股份再出售价格高于回购成本的金额应该贷记的账户是（　　）。
A. 应收库存股份
B. 股票溢价
C. 增收资本
D. 出售库存股份利得

11. 公司有每股面值为 $25 的普通股 80 000 股。如果公司进行 1 对 4 的股票分拆，股票分拆后公司发行在外的股票数量是（　　）。

A. 320 000 股　B. 80 000 股　C. 240 000 股　D. 20 000 股

12. 公司额定股份为 200 000 股，已发行 100 000 股，又回购 10 000 股。如果公司宣布每股 $1 的现金股利，公司的股利发放额为（　　）。

A. $100 000　B. $10 000　C. $200 000　D. $90 000

13. 支付现金股利的前提条件不包括（　　）。

A. 公司董事会宣布发放现金股利　B. 公司股票的市价超过面值

C. 公司拥有充足的现金　D. 公司具有足够的留存收益

14. 公司留存收益年初余额为 $25 000。当年公司更正了前期少计提折旧费用 $4 000 的错误，相关所得税率 25%。公司当年的净收益为 $12 000，并宣布现金股利 $5 000。那么，公司留存收益年末余额为（　　）。

A. $29 000　B. $35 000　C. $39 000　D. $45 000

15. 留存收益分拨的结果是（　　）。

A. 减少资产总额　B. 增加留存收益总额

C. 减少留存收益总额　D. 对留存收益总额没有影响。

三、多项选择题

1. 企业的组织形式主要包括（　　）。

A. 独资企业　B. 合伙企业　C. 公司　D. 合作社

2. 以下企业中不是法律主体而是会计主体的是（　　）。

A. 独资企业　B. 有限合伙企业

C. 股份有限公司　D. 有限责任公司

3. 公司的特征包括（　　）。

A. 双重纳税　B. 有限责任

C. 所有权与经营权分离　D. 永续存在的可能

4. 普通股的基本特征包括（　　）。

A. 表决权　B. 累积特征

C. 参加分派特征　D. 对剩余资产的要求权

5. 普通股每股账面价值的计算应考虑（　　）。

A. 股票面值　B. 股票市价

C. 普通股发行在外股数　D. 可赎回优先股赎回价格

6. 股东持有的公司股份不是（　　）。

A. 额定股份　B. 已发行股份

C. 发行在外股份　　D. 库存股份

7. 由于公司发行股票，以下会计项目中可能发生变化的是（　　）。

A. 现金　　B. 应付债券　　C. 普通股　　D. 固定资产

8. 出售库存股份可能引起（　　）。

A. 股东权益增加　　B. 股东权益减少

C. 利润增加　　D. 利润减少

9. 记录现金股利业务的日期是（　　）。

A. 宣告日　　B. 除息日　　C. 登记日　　D. 支付日

10. 没有引起股东权益总额改变的经济业务是（　　）。

A. 现金股利　　B. 股票股利　　C. 股份拆分　　D. 回购股票

四、计算分析及会计处理题

1. 编制以下经济业务的会计分录：

（1）甲公司以每股 $52 价格发行普通股 100 000 股，获取现金；普通股的每股面值为 $10；

（2）非上市公司乙发行 10 000 股无面值普通股换取设备，该设备公平市价为 $400 000 元；

（3）丙公司以每股 $25 价格回购 4 000 股普通股；丙公司以每股 $28 价格出售业务（3）中回购形成的库存股份 1 000 股。

（4）丁公司采用直接认购方式，发行面值为 $10 的普通股 300 000 股。6 月 8 日已全部由投资者按每股 $15 的价格认购。12 月 16 日投资者交纳认股款。收到全部认股款后，12 月 30 日向投资者发行股票。

2. 编制某公司以下经济业务的会计分录：

1 月 5 日，公司进行股份拆拆，将普通股面值由 $80 降至 $20，发行在外的股数升至 400 000；

1 月 28 日，公司宣布每股 $2 的普通股现金股利；

2 月 14 日，公司支付 1 月 28 日已宣布的现金股利；

9 月 10 日，公司宣布 10% 的普通股股票股利，当时股票的市价为 $35；

10 月 20 日，公司向股东发行股票，发放 9 月 10 日宣布的股票股利。

3. 某公司的股本结构如下：

优先股（无面值、每股股利 $0. 50、发行在外 10 000 股）$100 000

普通股（无面值、发行在外 40 000 股）$200 000

要求：

分别计算在以下不同情况下优先股和普通股的股利额。

（1）宣布分发现金股利 $28 000，优先股是累积的、非参加分派的，有两年积欠股利；

（2）宣布分发现金股利 $28 000，优先股是非累积、非参加分派的；

4. 请编制以下股票发行业务的会计分录。

（1）按每股 $10 面值发行普通股 320 万股，换取现金；

（2）按每股 $10 发行价格发行普通股 320 万股，每股面值为 $0. 10，换取现金；

（3）按每股 $20 发行无面值普通股 300 000 股，换取现金；

（4）发行普通股 150 000 股，每股面值 $10，换取价值 $400 000 的设备和 $1 200 000 厂房；

（5）按每股 $110 发行价格发行优先股 20 000 股，每股面值为 $100，换取现金。

（6）发行业务同（5），还发生发行成本 $100 000，以现金支付。

5. 请编制以下回购和注销股票业务的会计分录。

某公司 4 月 1 日以每股 $5 回购股票 50 000 股，每股面值为 $1。7 月 20 日按每股 $6. 50 出售其中的 20 000 股，10 月 9 日按 $3. 80 出售其中的 10 000 股。12 月 6 日注销剩余的 20 000 股，注销前公司的增收资本贷方结余 $75 000。

6. 某公司有发行在外每股面值为 $2. 50 的普通股 100 000 股。公司派发股利的可能方式有以下三种，宣布日为 12 月 27 日，支付现金或发行股票日为次年的 1 月 15 日。

（1）每股 $0. 10 的现金股利；

（2）5% 的股票股利，股票市价为每股 $13；

（3）30% 的股票股利，股票市价为每股 $13。

要求：

分别为上述股利派发业务编制会计分录。

7. 某公司有发行在外每股面值为 $1 的普通股 20 000 股，增收资本 $180 000，留存收益 $60 000。假定公司派发 50% 的股票股利，或者进行 2 对 3 的股份分拆，当时股票市价为每股 $62. 50。

要求：

分别说明上述两种情形对发行在外股数、每股面值、股东权益以及每股账面价值的影响。

8. 某公司 2013 年 1 月 1 日留存收益为 $390 000，2013 年中发生影响留存收益的业务如下：

（1）当年净收益为 $114 000；

（2）宣布并发放现金股利 $41 000；

（3）发现上期少记所得税费用 $10 000；

（4）2013 年 12 月 31 日有库存股份 $23 000，法律要求按库存股份取得成本分拨留存收益；同时公司计划新建一条生产线，分拨留存收益 $50 000。

要求：

（1）为上述业务编制会计分录；

（2）编制公司 2013 年留存收益表。

9. 某公司 2012 年 12 月 31 日资产负债表的股东权益部分列示如下：

累积优先股，每股股利 $5，面值 $100	$18 000
普通股，面值 $1	24 000
增收资本	383 000
留存收益	190 000
股东权益合计	$615 000

该公司 2013 年发生影响股东权益的业务如下：

（1）1 月 22 日以每股 $14 发行每股面值 $1 的普通股 1 000 股，换取现金；

（2）8 月 4 日宣布分派优先股现金股利；

（3）8 月 24 日支付现金股利；

（4）10 月 9 日宣布分派普通股 50% 股票股利，普通股市价每股 $15；

（5）11 月 9 日按每股 $12 回购普通股 800 股；

（6）12 月 8 日按每股 $15 重新出售 600 股；

（7）12 月 10 日增发 10 月 9 日宣布的 50% 股票股利的股票。

（8）2013 年获得净收益 $66 000。

要求：

（1）为上述业务编制会计分录；

（2）编制 2013 年 12 月 31 日资产负债表的股东权益部分。

10. 某公司 2013 年 1 月 1 日拥有 5 000 股优先股，每股股利额为 $2. 50，拥有发行在外普通股 120 000 股。公司外发普通股股数在 1 至 2 月份、3 至 5 月份、6 至 10 月份和 11 至 12 月份分别为 120 000 股、119 000 股、132 000 股和 126 000 股。2013 年公司的持续经营收益为 $371 885，终止经营税后收益为 $69 160，非常项目税后损失为 $49 510。

要求：

（1）计算普通股每股收益；

（2）如果优先股是可更换的，更换比率为 2 股优先股换取 3 股普通股，计算完全冲淡的普通股每股收益。

11. 某公司在 2013 年 12 月 31 日的股东权益构成如下：

优先股，发行在外 10 000 股，每股面值 $1. 50，非累积，每股赎回价格 30 元	$250 000
普通股，发行在外 80 000 股	800 000
留存收益	530 000
股东权益总额	$1 580 000

要求：

（1）计算普通股每股账面价值。

（2）如果优先股不是可赎回的且是累积的，有两年拖欠股利。计算普通股每股账面价值。

12. 某公司 2012 年净收益是 $306 000。2012 年 1 月 1 日，发行在外普通股股数 28 800 股；3 月 1 日回购 10% 发行在外的普通股；6 月 1 日新发行普通股 12 480 股；10 月 1 日出售库存股份 1 000 股。

该公司 2013 年净收益是 $565 000。2013 年 2 月 1 日新发行普通股 12 000 股，7 月 1 日回购发行在外的普通股 1 800 股。

要求：

计算 2012 年和 2013 年普通股每股收益额。

13. 某公司 2013 年 1 月 1 日发行在外普通股有 100 000 股，股本 $600 000；留存收益 $2 000 000。以下是该公司 2013 年与股东权益相关的经济业务。

（1）4 月 1 日，以每股 $14 的价格回购 20 000 股；

（2）6 月 10 日，宣布每股 $1. 80 的现金股利；

（3）7 月 1 日，支付已宣布的现金股利；

（4）7 月 1 日，以每股 $15 的价格出售库存股份 8 000 股；

（5）10 月 1 日，以每股 $13 的价格出售库存股份 10 000 股；

（6）12 月 10 日，宣布每股 $2. 40 的现金股利；

（7）2013 年的净收益为 $606 000。

要求：

（1）为上述每笔经济业务编制会计分录；

（2）编制该公司 2013 年的留存收益表；

（3）编制该公司 2013 年 12 月 31 日资产负债表的股东权益部分。

（4）计算普通股每股收益；

（5）计算普通股每股账面价值。

14. 某公司 2013 年初发行在外优先股 30 000 股，每股面值 $100；发行在外普通股

100 000 股，每股面值 $10。与股东权益相关的经济业务如下，按发生时间的先后顺序排列。

（1）对普通股进行 1 对 3 的股份分拆；

（2）以每股 $28 回购 20 000 普通股；

（3）宣布优先股股利，每股股利额为 $1. 50；

（4）支付优先股股利；

（5）以每股 $35 的价格出售 12 000 库存普通股；

（6）宣布普通股 2% 的股票股利，当日普通股市价为 $32 元；

（7）为已宣布的股票股利增发新股。

（8）公司当年净收益为 $150 000。

要求：

为上述每笔经济业务编制会计分录。

第十一章

长期股权投资和合并财务报表

一、判断题（对下列表述认为正确的以“√”表示，认为错误的以“×”表示）

1. 分类为可出售金融资产的股权投资在期末资产负债表上以公允价值计量。（　）

2. 根据 IFRS 3，企业合并形成的商誉应该在特定的期间内加以摊销。（　）

3. 母公司编制合并财务报表，可以不编制其单独财务报表。（　）

4. 企业合并在购并法下，非控制权益应以历史成本计量。（　）

5. 股权投资采用权益法的情况下，投资方收取现金股利，应将收取的现金确认投资收益。（　）

6. 根据 IFRS 3，子公司的资产和负债应以合并日的公允价值并入母公司相应的项目，出现在合并财务报表上。（　）

7. 股权投资采用成本法的情况下，投资方收取现金股利，应将收取的现金确认投资收益。（　）

8. 企业合并时，被合并企业固定资产公允价值的增值应在其剩余使用期间内加以摊销。（　）

9. 股权投资是否属于控制性投资，完全根据合并取得的表决权股份是否超过 50%。（　）

10. 根据 IFRS 3，在合并资产负债表上，非控制性权益属于股东权益，与控股股东权益分列。（　）

二、单项选择题

1. 分类为可出售金融资产的股权投资在资产负债表上以（　）。

A. 历史成本计量　　B. 以摊余成本计量

C. 按成本与市价孰低原则计量　　D. 以公允价值计量

2. 可出售金融资产在两个资产负债表日公允价值的变动额（　　）。

A. 计入变动期间损益

B. 计入综合收益，列于股东权益项下

C. 不予确认

D. 上述表述都不对

3. 出现在合并资产负债表上的“非控制股益”表示（　　）。

A. 持有母公司 50% 以下股权的股东权益

B. 母公司在其子公司中的股东权益

C. 母公司应付其子公司的利息；

D. 子公司中除了母公司权益以外的其他股东权益

4. 合并报表工作底稿上的调整和消除分录一般（　　）。

A. 登记在母公司的总分类账上

B. 登记在子公司的总分类账上

C. 分别记入子公司和母公司的总分类账上

D. 没有登记入任何公司的账册

5. 合并报表工作底稿上母公司账簿上的“对子公司投资”账户余额一般（　　）。

A. 在母公司和子公司股东之间进行分配

B. 总是被消除

C. 出现在合并资产负债报表上

D. 以上都不对

6. 关于合并报表以下表述正确的是（　　）。

A. 母公司编制合并报表，子公司可以不编制报表

B. 购并法下，收买成本高于被收买企业可识别净资产公允价值的金额应确认为商誉

C. 企业合并前合并方持有的被合并企业股份，在合并报表上以历史成本计量

D. 根据 IFRS3，企业合并报表可以采用购并法也可采用联营法

7. 根据十一章第三节的介绍，若企业合并采用母公司法，子公司少数股东应享权益在合并报表上以（　　）。

A. 公允价值反映

B. 以账面价值（历史成本）反映

C. 成本与市价孰低原则反映

D. 可实现净值反映

8. 根据十一章第三节的介绍，若企业合并采用实体法，子公司少数股东应享权益

在合并报表上以（　　）。

A. 公允价值反映

B. 以账面价值（历史成本）反映

C. 成本与市价孰低原则反映

D. 上述表述都不对

9. P公司发行100 000股面值为$10，公允价值为$30的普通股交换S公司80%发行在外的普通股，取得S的控制权。并购日S公司的总资产为$3 500 000，总负债为$1 000 000，设备增值$400 000，建筑物增值$600 000，其他资产和负债账面价值与公允价值相等，非控制性权益的公允价值为$600 000。按照IFRS3的购并法，合并商誉是（　　）。

A. $100 000　　B. $250 000

C. $1 100 000　　D. 上述表述都不对

10. P公司发行100 000股面值为$10，公允价值为$30的普通股交换S公司80%发行在外的普通股，取得S的控制权。并购日S公司的总资产为$3 500 000，总负债为$1 000 000，设备增值$400 000，建筑物增值$500 000，其他资产和负债账面价值与公允价值相等，非控制性权益的公允价值为$600 000。S公司可识别净资产的公允价值是（　　）。

A. $2 500 000　　B. $3 500 000　　C. $3 400 000　　D. $4 000 000

三、多项选择题

1. 长期股权投资后续计量可采用的方法有（　　）。

A. 成本法　　B. 摊余成本计量

C. 按成本与市价孰低原则计量　　D. 权益法

2. 股权投资认为可以对被投资方决策施以重大影响的判断因素有（　　）。

A. 持有被投资方20% 以上的具有表决权的股票

B. 被投资方10% 以上的具有表决权的权益

C. 向被投资方指派重要的管理人员

D. 向被投资方关键技术

3. 根据IFRS3，企业合并在不超过一年的计量期间内，公允价值（获取更客观信息）可以调整的项目包括（　　）。

A. 购并取得的资产及承担的负债

B. 转让的购并对价

C. 非控制权益应享子公司留存收益份额

D. 购并方合并前持有被购并方的权益

4. 为编制合并财务报表，在合并报表工作底稿上进行的程序一般包括（　　）。

A. 消除母子公司之间的内部商品交易及未实现损益

B. 调整子公司的有关账户金额，将其调整至公允价值

C. 将调整、消除项目分别记入子公司和母公司的总分类账上

D. 将消除、调整后的母子公司相应账户金额加总，形成合并报表上的金额

5. 长期股权投资采用权益法时，以下正确的表述是（　　）。

A. 将享有被投资方年度报告净收益的份额记入长期股权投资账户借方

B. 收取的现金股利贷记长期投资收益账户

C. 收取的现金股利贷记长期股权投资账户

D. 以上都不对

6. 关于企业合并及合并报表以下表述正确的是（　　）。

A. 母公司编制合并报表，子公司可以不编制报表

B. 购并法下，收买成本高于被购并企业可识别净资产公允价值的金额应确认为商誉

C. 购并法下企业合并前合并方持有的被合并企业的股份，构成合并成本并以合并日公允价值计量

D. 根据 IFRS3，企业合并产生的便宜购并利得计入母公司当期收益

7. 长期股权投资采用成本法时，以下正确的表述是（　　）。

A. 被投资方年度报告净收益，投资方不作任何记录

B. 收取的现金股利贷记长期投资收益账户

C. 收取的现金股利贷记长期股权投资账户

D. 派发股票股利，借记长期股权投资账户

8. 根据 IFRS3，企业合并采用购并法应实施以下程序（　　）。

A. 确定购并日

B. 确认购并方

C. 确认和计量企业购并中取得的可识别资产和承担的负债，并确认和计量被购并方中除购并方（即母公司）以外权益

D. 确认并计量商誉，或便宜购买获取的利得

9. P 公司发行 100 000 股面值为 \$10，公允价值为 \$30 的普通股交换 S 公司 80% 发行在外的普通股，取得 S 的控制权。并购日 S 公司的总资产为 \$3 500 000，总负债为 \$1 000 000，设备增值 \$400 000，建筑物增值 \$600 000，其他资产和负债账面价值与公允价值相等，非控制性权益的公允价值为 \$600 000。根据以上

信息得出正确的数据是（　　）。

A. 合并商誉 $100 000　　B. 可识别净资产增值 $1 000 000

C. 合并对价 $3 000 000　　D. S 公司整体价值 $3 600 000

10. P 公司发行 100 000 股面值为 $10，公允价值为 $30 的普通股交换 S 公司 80% 发行在外的普通股，取得 S 的控制权，并支付企业合并的各项费用现金 $60 000。并购日 S 公司的总资产账面价值为 $3 500 000，总负债为 $1 100 000。设备评估增值 $400 000，建筑物评估增值 $500 000，评估出客户名录 $60 000，其他资产和负债账面价值与公允价值相等。根据以上信息得出正确的数据是（　　）。

A. 合并费用 $60 000 计入 P 公司当期损益

B. 可识别净资产公允价值 $33 600 000

C. 合并成本 $30 060 000

D. S 公司整体价值 $3 500 000

四、计算分析及会计处理题

1. TP 公司在 2013 年 4 月 5 日以每股 $35 购入 TS 公司的普通股份 10 000 股，计划持有一年以上。TS 公司外发普通股股数为 200 000 股。于 TP 公司资产负债表日，即 2013 年 12 月 31 日 TS 公司的股票市价为每股 $33。TS 公司 2013 年获得净收益 $120 000，宣布并发放每股 $0.22 的现金股利。

要求：

（1）编制与长期股权投资业务相关的会计分录。

（2）2013 年 12 月 31 日的资产负债表中有哪些项目同长期股权投资相关，金额分别是多少？

2. 2013 年 1 月 RP 公司以 $400 000 购入 RS 公司 40% 的普通股，购买成本与应享 RS 公司净资产账面价值相等。RS 公司 2013 年度报告净收益 $250 000，宣布并发放现金股利 $100 000。

要求：

（1）编制与长期股权投资业务相关的会计分录。

（2）计算 2013 年 12 月 31 日资产负债表上对 RS 公司长期投资的账面价值。

（3）如果 2014 年 3 月 5 日，RP 公司以 $50 000 出售所持 RS 公司 10% 的普通股份，编制出售投资的业务分录。

3. PXY 公司投资于 SAB 的普通股，2012 年和 2013 年两年间相关的交易如下：

2012 年度：

1月1日，PXY公司以 $700 000 现金购买 SAB 公司 35% 的股权，对 SAB 经营决策产生重大影响；

SAB 公司 2012 年度报告净利润 $70 000；

年末，SAB 公司向股东宣布并发当现金股利 $60 000。

2013 年度：

1月1日，PXY公司以 75 000 现金增购 SAB 公司 5% 的股权；

SAB 公司宣布 10% 的股票股利；

2013 年度报告净利润 $150 000；

年末，SAB 公司向股东宣布并发当现金股利 $100 000。

要求：

为 PXY 公司作上述交易的会计分录。

4. ET 公司权益法下的长期股权投资期 2013 年初余额为 $344 000。当年发生的长期投资业务如下：

（1）4月2日购买 AT 公司 2 000 股普通股作为长期可出售证券投资，每股买价为 $12。

（2）5月17日从其他联属公司收到现金股利 $47 000。

（3）12月31日收到全部联属公司的年度报告，当年这些公司报告净收益总额 $550 000。其中 ET 公司享有 22% 的份额。

（4）12月31日 AT 公司普通股每股市价为 $13.4，对其他联属公司的投资的公允价值估计为 $500 000。

要求：

（1）为上述长期投资的交易作会计分录。

（2）计算权益法下的长期股权投资期末余额。

（3）说明可出售证券投资和权益法下的长期股权投资如何在期末资产负债表中列报。

5. 某公司 2013 年发生的长期投资如下：

（1）2月12日，购买 P 公司 20 000 股普通股，占 P 公司外发股数的 35%，支付现金 $715 000。

（2）10月16日，以每股 $41.5 购买 M 公司的 800 股普通股，此项投资属于可出售证券投资。

（3）11月30日，从 M 公司收到半年现金股利，每股 $0.60。

（4）12月9日，收到 P 公司宣告并发放的现金股利，每股 $1.26。

（5）12月31日，P 公司的年度报告净收益为 $510 000。

（6）12 月 31 日，M 公司普通股收盘价为每股 $42.5。

要求：

（1）为上述长期投资的业务做会计分录。

（2）该公司 2013 年的资产负债表和收益表如何列示这些长期投资。

6. P 公司已发行普通股 10 万股，S 公司已发行普通股 4.5 万股。2013 年 1 月 1 日 P 公司新发普通股 9 万股，以此置换 S 公司的全部资产和负债。交易后，S 公司用 P 公司的股份 2∶1 置换收回发行在外为股东持有的 4.5 万股，然后宣布 S 公司停止运营。在这次合并交易中，两公司的现金、应收账款、存货和流动负债的公允价值与账面价值相一致。固定资产和长期负债的公允价值如下：

P 公司	S 公司	
固定资产	$3 900 000	$4 300 000
长期负债	1 500 000	400 000

2012 年 12 月 31 日两公司固定资产的剩余使用年限皆为 9 年。两公司长期负债皆于 2020 年 12 月 31 日到期。商誉不摊销，年末测试提减值准备。

2012 年 P 公司的净收益为 $980 000，S 公司的净收益为 $720 000。2012 年 12 月 31 日 P 公司股票的市价为 $90/股，S 公司停止运营前股票的市价为 $200/股。P 公司与 S 公司 2012 年 12 月 31 日的资产负债表如下：

S 公司资产负债表（2012 年 12 月 31 日）

	P 公司	S 公司
现金	$600 000	$700 000
应收账款	1 500 000	1 700 000
存货—先进先出法	2 000 000	1 500 000
固定资产（净值）	3 500 000	4 000 000
	$7 600 000	$7 900 000
流动负债	$800 000	$300 000
应付债券	800 000	500 000
普通股	2 500 000	1 000 000
增收资本	1 800 000	1 500 000
留存收益	1 700 000	4 600 000
	$7 600 000	$7 900 000

要求：

运用购并法，分别编制 2013 年 1 月 1 日合并后 S 公司停止运营前两公司合并的资产负债表。

7. 2013 年 1 月 1 日，APC 公司发行 6 000 股普通股交换 ASC 公司全部发行在外的普通股购并了 ASC 公司。当日 APC 公司的普通股的公允价值为每股 $25，两公司 2013 年 12 月 31 日的资产负债表相关数据如下：

	APC		ASC	
	账面价值	公允价值	账面价值	公允价值
资产：				
现金	$3 000	$3 000	$1 000	$1 000
应收账款（净）	5 500	5 500	2 000	2 000
存货	6 000	7 000	3 500	4 000
其他流动资产	1 500	1 500	500	600
厂场设备（净）	16 000	19 000	5 000	7 400
总计	$32 000	$36 000	$12 000	$15 000
负债与所有者权益：				
应付账款	$5 000	$5 000	$1 800	$1 800
长期负债	3 800	4 000	3 200	3 000
股本，$1/每股	15 000		3 000	
增收资本	3 000		1 200	
留存收益	5 200		2 800	
总计	$32 000		$12 000	

要求：

为 APC 公司编制合并日的合并资产负债表：

8. 2013 年 1 月 1 日 Y 公司以现金 $700 000 收买 YS 公司 80% 发行在外的流通股，当日 Y 公司和 YS 公司股东权益如下：

	Y 公司	YS 公司
股本	$1 800 000	$500 000
留存收益	800 000	100 000

合并日 YS 公司除一宗土地公允价值高于其账面价值 $50 000 外，其余资产和负债的公允价值与账面价值相等。Y 公司对 YS 公司的股权投资用成本法，2013 年度 Y 公司

及 YS 公司的净收益和股利分派如下：

	Y 公司	YS 公司
净收益	$300 000	$90 000
宣布股利	180 000	50 000
应付股利（2013 年 12 月 31 日）	90 000	25 000

要求：

假设商誉未发生减值，编制合并报表采用修正的实体法，计算 Y 公司及 YS 公司 2013 年 12 月 31 日的合并报表上以下项目的数额：

（1）股本；

（2）商誉；

（3）留存收益

（4）少数股东权益；

（5）应付股利。

9. 2013 年 1 月 1 日 XP 公司购买 XS 公司 100% 的普通股，耗资 $2.782 百万。XS 公司当日的资产负债表如下表所示：

XS 公司资产负债表（2012 年 1 月 1 日）

项　　目	账面价值	公允价值
现金	$200 000	$200 000
应收账款	235 000	250 000
存货	475 000	432 000
固定资产（净）	2 145 000	2 470 000
商誉	130 000	0
	$3 185 000	
流动负债	$50 000	70 000
优先股（100 000，面值 $5/股）	500 000	
普通股（1 百万股，无面值）	200 000	
资本公积	750 000	
留存收益（2007/01/01）	145 000	
净利润（1 月 –6 月）	325 000	
	$3 185 000	

XS 公司其他有关情况：多年前发行的 100 000 股累积优先股，面值 \$5/股，赎回价 \$6/股（提示：计算被购并企业的价值时，优先股按赎回价格从整体价值中扣除）。每年优先股的股利为 \$1/股，分别在 7 月 1 日和 1 月 1 日发放。

XS 公司没有积欠的优先股利。最近一次发放股利是在 2012 年 12 月 31 日。

要求：

计算合并产生的商誉。

10. 2013 年 1 月 1 日 YP 公司新发每股面值为 \$10 的普通股 50 000 股交换 SS 公司 90% 发行在外的普通股实施公司合并。2012 年 12 月 31 日 YP 公司和 SS 公司的资产负债表有关资料如下：

	YP 公司（账面价值）	SS 公司（账面价值）	SS 公司（公允价值）
流动资产	\$4 000 000	\$800 000	\$900 000
厂场设备	6 000 000	1 400 000	1 500 000
	\$10 000 000	\$2 200 000	\$2 400 000
负债	\$4 000 000	\$800 000	\$800 000
股本	3 000 000	800 000	
增收资本	2 000 000	400 000	
留存收益	1 000 000	200 000	
	\$10 000 000	\$2 200 000	

要求：

（1）为 YP 公司作对 SS 公司股权投资的会计分录。

（2）按照 IFRS3，为 YP 公司编制 2013 年 1 月 1 日合并日的合并资产负债表。

11. SD 公司是 PB 公司的全资子公司，两公司都编制各自的财务报表，但每年末 PB 公司还要编制合并财务报表。2013 年度，影响合并报表的因素列示如下：

（1）2013 年度，SD 公司向 PB 公司出售总价值为 \$337 000 的化工原料，SD 公司该批产品的成本为 \$285 000，PB 公司已将由 SD 购入的化工原料全部向外销售；

（2）年末 PB 公司还欠 SD 公司货款 \$73 000；

（3）SD 公司以应付票据向 PB 公司借入长期贷款 \$396 000。年内 PB 从该项贷款获取利息收入 \$32 000。

（4）年初 PB 公司资产负债表上对 SD 公司的股东投资为 \$3 100 000。

要求：

PB 公司编制合并报表需要做哪些消除的示意性会计分录。

12. 2013 年 1 月 1 日 Y 公司以现金 5 825 000 元收买 YS 公司 65% 发行在外的流通股，当日 YS 公司资产和负债的账面价值及公允价值如下表所示：

YS 公司资产负债表（2013 年 1 月 1 日）

项目	账面价值	公允价值
现金和应收账款	425 000 元	425 000 元
短期投资	1 560 000	1 000 000
存货	3 450 000	1 275 000
土地	2 960 000	3 400 000
固定资产（净）	3 470 000	5 000 000
资产总额	11 856 000 元	
流动负债	1 050 000 元	1 050 000 元
长期负债	2 980 000	2 550 000
普通股	5 350 000	
留存收益（2013/01/01）	2 485 000	
	11 856 000 元	

股票收购日 YS 公司设备的剩余使用年限为 10 年，其长期负债将于 2015 年 6 月 30 日到期。

Y 公司和 YS 公司 2013 年度损益表如下：

Y 公司和 YS 公司损益表（截至 12 月 31 日，2013 年度）

项目	Y 公司	YS 公司
销售收入	12 540 000 元	2 535 000 元
销售成本	8 970 000	1 460 000
折旧费用	2 350 000	375 000
其他费用	790 000	465 000
	12 110 000	2 300 000
净收益	430 000 元	235 000 元

（1）Y 公司对 YS 公司的长期投资采用成本法；

（2）两家公司均采用直线法进行折旧和其他费用的摊销；

（3）2013 年，YS 公司销售商品给 Y 公司，售价为 500 000 元，到 2013 年 12 月 31

日止，该批商品中还有价值200 000元的商品留在Y公司的存货中未销售出去；

（4）2013年，Y公司以售价600 000元出售一批商品给YS公司，年末该批商品中的1/6仍留在YS公司未销售出去，两家公司间的商品销售的毛利率均为25%。两家存货计价均采用先进先出法；

（5）2013年，YS公司宣布并支付股利125 000元；

（6）2012年12月31日，Y公司的留存收益余额为3 235 000元，2013年度Y公司支付股利210 000元；

（7）不考虑所得税费用。

要求：

（1）编制2013年度的合并损益表；

（2）计算2013年12月31日在合并资产负债表上留存收益的金额；

（3）计算2013年12月31日在合并资产负债表上非控制权益的金额。

13. AP公司经过了调研和分析，决定合并AS公司。合并方案一是按AS股票的市场价值以现金 $700 000 收买其发行在外的全部普通股，方案二是拟发行面值为 $20（当时每股市价为 $50）的已核定未发行的普通股8 000股交换AS发行在外的全部普通股。由于增发股票对股票市价产生稀释，用以交换的增发股票以AS公司净资产公允价值为对价。无论采用哪种方案，合并AS公司仍将保持其独立法人资格，独立进行经营活动。合并前两公司的相关资料汇总如下：

	AP公司		AS公司	
	账面价值	公允价值	账面价值	公允价值
流动资产	$450 000	$605 000	$140 000	$165 000
固定资产	700 000	840 000	250 000	325 000
总计	$1 150 000	$1 475 000	$390 000	$490 000
流动负债	$250 000		$75 000	
长期负债	175 000		50 000	
股本（每股面值 $20）	400 000		—	
股本（每股面值 $10）	—		160 000	
增收资本	175 000		60 000	
留存收益	150 000		45 000	
总计	$1 150 000		$390 000	

要求：

（1）假设通过交换股票实现两公司的合并，请为AP公司编制合并日的合并资产负债表。

（2）假设AP公司发行公债券筹集资金$600 000，另以自有现金$100 000，合计$700 000收买AS公司发行在外的全部普通股，实现两公司的合并，请为AP公司编制合并日的合并资产负债表。

第十二章

现金流量表

一、判断题（对于以下表述，认为表述“正确”，填入“√”；认为表述“错误”，填入“×”）

1. 现金流量表中的现金包括现金及现金等价物。（　）

2. 现金流量表与资产负债表、收益表不同，企业可以决定是否对外编报。（　）

3. 现金流量表反映了企业营业活动、投资活动和筹资活动对现金的影响。（　）

4. 为了计算营业活动的现金流量，必须将收益表项目由应计制转换为现金制。（　）

5. 购置库存股份支付的现金属于投资活动的现金流量。（　）

6. 直接法和间接法是编报营业活动现金流量的两种方法。（　）

7. 间接法下报告营业活动现金流量的主要缺陷是：没有反映营业活动现金流量与净收益之间的差异。（　）

8. 企业发行债券换取土地的经济业务应该在现金流量表之下单独披露。（　）

9. 间接法下，出售土地利得是净收益的调整项目，应在净收益之下加计。（　）

10. 间接法下，当期存货的减少额是净收益的调整项目，应在净收益之下加计。（　）

11. 间接法下，公司债券折价是净收益的调整项目，应在净收益之下扣除。（　）

12. 现金流量表中不允许现金流入量与现金流出量相互抵消，以便向报表使用者充分披露现金流量的信息。（　）

13. 如果某企业当年宣布现金股利 \$150 000，应付股利当期减少 \$10 000，那么在筹资活动现金流量部分应报告现金股利支出 \$160 000。（　）

14. 直接法和间接法下对投资活动现金流量的列报方式存在差异。（　）

15. 直接法下营业费用上的现金支出等于现金性营业费用加上预付费用的减少额。（　）

二、单项选择题

1. 下列各项中不是基本财务报表的是（　　）。
   A. 资产负债表　　B. 现金流量表
   C. 财务状况变动表　　D. 收益表
2. 现金流量表中营业活动的现金流量包括（　　）。
   A. 发行股票收到的现金　　B. 出售投资收到的现金
   C. 获取投资支付的现金　　D. 销售业务收取的现金
3. 下面不在现金流量表中列报的项目是（　　）。
   A. 购买非流动资产　　B. 购买库存股份
   C. 废弃已提足折旧的固定资产　　D. 支付现金股利
4. 优先股股利支出应在现金流量表中哪一部分列报？（　　）
   A. 投资活动的现金流量　　B. 筹资活动的现金流量
   C. 非现金性投资和筹资活动　　D. 营业活动的现金流量
5. 现金流量表的最后一个项目是（　　）。
   A. 现金的增加额或减少额　　B. 期末现金余额
   C. 投资活动现金净流量　　D. 筹资活动现金净流量
6. 属于非现金性投资和筹资活动的是（　　）。
   A. 支付现金股利　　B. 偿还180天的应付票据
   C. 赊购存货　　D. 发行股票换取设备
7. 间接法下的现金流量表中，列报于营业活动现金流量部分的项目是（　　）。
   A. 出售投资收取的现金　　B. 公司债溢价的摊销额
   C. 现金股利支付的现金　　D. 发行股票收取的现金
8. 间接法下的现金流量表中，折旧费用列报在下面哪一个部分？（　　）
   A. 筹资活动的现金流量部分　　B. 投资活动的现金流量部分
   C. 单独列报　　D. 营业活动的现金流量部分
9. 间接法下计算营业活动现金流量，应对净收益加计的项目是（　　）。
   A. 存货的增加额　　B. 应付账款的减少额
   C. 宣布并支付的现金股利　　D. 应收账款的减少额
10. 间接法下计算营业活动现金流量，应从净收益中扣除的项目是（　　）。
    A. 折旧费用　　B. 公司债溢价的摊销额
    C. 出售设备损失　　D. 宣布并支付的现金股利
11. 间接法下计算营业活动现金流量，应对净收益加计的项目是（　　）。
    A. 出售设备的利得　　B. 预收账款的减少额

C. 应计负债的增加额 D. 现金股利的支付额

12. 某企业当期净收益 \$140 000，折旧费用 \$28 000，应收账款增加 \$16 000，应付账款减少 \$21 000。采用间接法，营业活动的现金净流量是（　　）。

A. \$131 000 B. \$163 000 C. \$107 000 D. \$205 000

13. 某台设备原值 \$50 000，累计折旧 \$20 000。出售该台设备发生损失 \$7 000。出售设备会引起现金发生下面哪一种变化？（　　）

A. 增加 \$23 000 B. 减少 \$7 000

C. 增加 \$43 000 D. 减少 \$30 000

14. 现金流量表中不列报在筹资活动现金流量部分的项目是（　　）。

A. 发行债券收取的现金 B. 股利支付的现金

C. 购买库存股份支付的现金 D. 利息支付的现金

15. 某企业当年所得税费用 \$400 000。应付所得税的期初余额为 \$30 000，期末余额为 \$40 000。所得税支出额是（　　）。

A. \$400 000 B. \$390 000 C. \$430 000 D. \$440 000

三、多项选择题

1. 现金流量表的作用主要是（　　）。

A. 预测企业未来现金流量的数量、时间和风险

B. 评价企业的支付能力和融资需求

C. 评价企业的财务弹性

D. 揭示企业的收益质量

2. 现金流量按经济活动性质分为（　　）。

A. 营业活动现金流量 B. 投资活动现金流量

C. 筹资活动现金流量 D. 终止经营现金流量

3. 属于营业活动现金流量的项目是（　　）。

A. 收到的股利 B. 购货的支出

C. 支付的股利 D. 支付的利息

4. 属于投资活动现金流量的项目是（　　）。

A. 回购股票支付的现金 B. 购买固定资产支付的现金

C. 收到的利息 D. 出售长期投资收到的现金

5. 属于筹资活动现金流量的项目是（　　）。

A. 支付的股利 B. 支付的利息

C. 发行股票收到的现金 D. 偿还贷款支付的现金

6. 间接法下，营业活动现金流量中调增净收益的项目是（　　）。
A. 折旧费用　　B. 出售土地利得
C. 应收账款减少　　D. 公司债溢价摊销
7. 间接法下，营业活动现金流量中调减净收益的项目是（　　）。
A. 应付账款的减少　　B. 预付费用的增加
C. 债券赎回损失　　D. 摊销费用
8. 符合现金流量表中现金概念的项目是（　　）。
A. 库存现金
B. 对三个月内到期的短期国债的投资
C. 活期银行存款
D. 偿债基金
9. 以下有关直接法的陈述，正确的是（　　）。
A. 直接列示现金流入和现金流出
B. 便于分析净收益与营业活动现金流量的差异
C. 营业活动现金流量部分包括从客户手中收取的现金
D. 营业活动现金流量部分包括所得税支出
10. 以下有关间接法的陈述，正确的是（　　）。
A. 营业活动现金流量部分以净收益为起点；
B. 投资活动现金流量部分直接列示现金流入和现金流出；
C. 筹资活动现金流量部分直接列示现金流入和现金流出；
D. 营运资本项目的变动用于调节净收益。

四、计算分析及会计处理题

1. 某企业的资产负债表日是12月31日。该企业2013年部分会计项目的余额如下：

	12月31日	1月1日
应计营业费用	$44 000	$59 000
应付账款	180 000	270 000
存货	85 000	136 000
预付费用	46 000	40 000
销售成本	1 200 000	
不含折旧的营业费用	276 000	

要求：

采用直接法，计算购货支出和营业费用支出。

2. 麦克思公司 2012 年末和 2013 年末的比较资产负债表。

	2013 年末	2012 年末		2013 年末	2012 年末
现金	$45 000	$53 500	应付账款	$61 500	$42 600
应收账款净值	51 300	58 000	应付公司债	0	100 000
存货	147 200	135 000	普通股	250 000	200 000
长期投资	0	60 000	增收资本	75 000	50 000
设备	493 000	375 000	留存收益	236 300	160 900
减：累计折旧	(113 700)	(128 000)			
资产总额	$622 800	$553 500	负债和股东权益总额	$622 800	$553 500

麦克思公司 2013 年度收益表

销售收入	$623 000
销售成本	(348 500)
折旧费用	(24 700)
其他营业费用	(75 300)
出售投资利得	5 000
利息费用	(12 000)
所得税费用	(64 100)
净收益	$103 400

麦克思公司 2013 年度其他相关资料如下：

（1）原值为 $39 000 的设备，已提足折旧，废弃后无残值；当年购入设备，支付现金 $157 000；

（2）按面值赎回 $100 000 公司债；

（3）发行 5 000 股普通股获取现金，每股面值 $10，每股发行价格为 $15；

（4）支付现金股利 $28 000。

要求：

采用直接法编制麦克思公司 2013 年度现金流量表。

3. 某公司部分会计项目余额如下：

	期末	期初
应收账款	$18 000	$22 000
存货	21 000	25 000
应付账款	8 000	11 000
销售收入	100 000	
销售成本	90 000	

要求：

计算当期从客户手中收回的现金和购货支出。

4. 某公司设备的期初和期末余额分别为 \$12 000 和 \$15 000，累计折旧的期初和期末余额分别为 \$2 000 和 \$2 400。当期折旧费用为 \$1 800。当期出售设备一台，原值为 \$4 500，出售设备损失为 \$500。

要求：

分别说明在直接法和间接法下，当期有关设备的经济业务对现金的影响，以及如何在现金流量表中列示。

5. 说明以下各项经济业务产生的现金流量属于营业活动、投资活动还是筹资活动产生的现金流量。

（1）支付公司债券利息

（2）收到对外投资的利息

（3）发行股票获取现金

（4）支付股利

（5）支付财产税

（6）从客户手中收取现金

（7）出售长期投资收到的现金

（8）可更换优先股转换为普通股

（9）支付水电费

（10）低于账面价值出售运输设备

（11）宣布且发放股票股利

（12）偿还到期的公司债券

6. 说明以下各项在间接法下对净收益的调整方向。

（1）3 个月期的应付票据增加额

（2）设备出售损失
（3）应付账款减少额
（4）预付费用增加额
（5）商标权摊销费用
（6）存货减少额
（7）公司债赎回损失
（8）公司债溢价摊销额
（9）应付工薪增加额
（10）权益法下投资收益
（11）厂房折旧费用
（12）预收账款减少额

7. 从某公司账簿中得到以下财务数据。

现销收入	$9 000	回收的应收账款	$93 000
应付账款的偿还	48 000	支出的利息	15 000
出售土地损失	5 000	支付的工薪	36 000
净收益	25 000	非现金流动资产的增加	17 000
土地购置支出	40 000	折旧费用	12 000
支付的所得税	13 000	支付的股利	7 000
收到的股利	5 000	流动负债的减少	22 000

要求：

按间接法编制营业活动所提供的现金部分。

8.

飞轮公司 2013 年度收益表

销售收入	$213 000
利息收入	8 600
销售成本	（70 600）
工薪费用	（27 800）
折旧费用	（4 000）
其他营业费用	（10 500）
利息费用	（11 600）
所得税费用	（29 100）
净收益	$68 000

飞轮公司 2013 年比较资产负债表

	2013 年末	2012 年末		2013 年末	2012 年末
现金与现金等价物	$7 500	$5 300	应付账款	$31 400	$28 800
应收账款	25 300	26 900	应付利息	4 400	4 900
应收利息	1 900	700	应付工薪	3 100	6 600
存货	83 600	87 200	应付所得税	8 900	7 700
预付费用	2 500	1 900	其他应计负债	13 700	16 000
土地	89 000	60 000	应付长期票据	75 000	100 000
设备净值	56 500	49 400	普通股	88 300	64 700
			留存收益	41 500	2 700
资产总额	$266 300	$231 400	负债和股东权益总额	$266 300	$231 400

要求：

分别按间接法和直接法编制营业活动所提供的现金部分。

9.

菲利公司 2013 年比较资产负债表

	2013 年末	2012 年末		2013 年末	2012 年末
现金	$24 500	$8 600	短期借款	$13 400	$18 100
应收账款	45 900	48 300	应付账款	42 400	40 300
应收利息	2 900	3 600	应付利息	3 700	2 900
存货	68 600	60 200	应付工薪	900	2 600
预付费用	3 700	2 800	应付所得税	13 800	14 500
长期投资	10 100	5 200	其他应计负债	8 200	9 700
土地	42 400	96 000	应付长期票据	47 400	94 100
设备净值	74 500	73 600	普通股	59 800	51 200
			留存收益	83 000	64 900
资产总额	$272 600	$298 300	负债和股东权益总额	$272 600	$298 300

其他数据资料：

（1）净收益为 $56 200；

（2）设备折旧费用为 $13 400；

（3）以 $4 900 现金购置长期投资；

（4）出售土地获得现金 $46 900，产生 $6 700 损失；

（5）发行应付长期票据 $14 300 换取设备；

（6）偿还应付长期票据 $61 000；

（7）发行普通股收到现金 $3 900；

（8）支付现金股利 $38 100；

（9）发行普通股 $4 700 偿还短期应付票据。

要求：

按照间接法编制菲利公司 2013 年现金流量表，并在表下列报不涉及现金的重大筹投资活动。

10.

亚峰公司 2013 年收益表

销售收入	$284 000
利息收入	12 000
股利收入	9 000
出售固定资产利得	8 000
销售成本	(150 000)
工薪费用	(56 000)
折旧费用	(18 000)
其他营业费用	(17 000)
利息费用	(16 000)
所得税费用	(15 000)
净收益	$41 000

亚峰公司 2013 年比较资产负债表

	2013 年末	2012 年末		2013 年末	2012 年末
现金	$22 000	$42 000	应付账款	$91 000	$57 000
应收账款	93 000	80 000	应付工薪	4 000	6 000
应收利息	3 000	1 000	其他应计负债	1 000	3 000
存货	135 000	138 000	长期负债	160 000	77 000
预付费用	8 000	7 000	普通股	359 000	258 000
长期投资	11 000	0	留存收益	110 000	86 000
固定资产净值	453 000	219 000			
资产总额	$725 000	$487 000	负债和股东权益总额	$725 000	$487 000

其他数据资料：

（1）本年固定资产购置支出为 $30 600；

（2）本年借入长期资金 $83 000；

（3）本年发行普通股，获得现金 $101 000；

（4）本年支付股利 $17 000。

要求：

按照直接法编制亚峰公司 2013 年现金流量表。

11. 某公司 2013 年净收益为 $511 600，其中折旧和摊销费用为 $107 000。营运资本项目的期初余额和期末余额如下：

	期　末	期　初
现金	$84 000	$88 400
应收账款净值	130 800	134 000
存货	251 800	225 200
预付费用	11 600	12 000
应付账款	122 800	135 000
应付工薪	16 600	15 800

要求：

按间接法编制该公司营业活动所提供的现金部分。

12. 列举至少四种不涉及现金的重大投资或筹资经济业务。

13.

动感公司 2013 年收益表

销售收入	$892 200
销售成本	(444 600)
折旧费用	(51 000)
其他营业费用	(240 600)
所得税费用	(27 450)
出售设备损失	(6 600)
债券赎回损失	(1 650)
净收益	$120 300

动感公司 2013 年比较资产负债表

	2013 年末	2012 年末		2013 年末	2012 年末
现金	$86 100	$47 850	应付账款	$57 600	$67 500
应收账款	68 250	79 650	应付股利	0	9 000
存货	312 000	292 950	应付所得税	10 200	8 850
预付费用	7 200	3 300	应付公司债	0	75 000
设备	271 650	293 400	普通股	337 500	337 500
减：累计折旧	(123 900)	(95 100)	留存收益	216 000	124 200
资产总额	$621 300	$622 050	负债和股东权益总额	$621 300	$622 050

该公司当年出售一台设备，原值为 $42 750，累计折旧为 $22 200，采购设备全部用现金支付。

要求：

分别按间接法和直接法编制动感公司 2013 年度现金流量表。

14.

福田公司 2013 年收益表　　　单位：百万美元

销售收入	$100
投资收益	3
土地出售利得	8

续表

销售成本	(60)
工薪费用	(13)
折旧费用	(3)
债券利息费用	(5)
其他营业费用	(7)
所得税费用	(9)
出售设备损失	(2)
净收益	12

福田公司 2013 年比较资产负债表 单位：百万美元

	2013 年末	2012 年末		2013 年末	2012 年末
现金	$29	$20	应付账款	$26	$20
短期投资	12	0	应付工薪	3	1
应收账款	32	30	应付所得税	6	8
存货	46	50	长期应付票据	20	0
预付费用	3	6	应付公司债	35	50
土地	80	60	减：公司债折价	(1)	(3)
设备	81	75	普通股	130	100
减：累计折旧	(16)	(20)	增收资本	29	20
			留存收益	19	25
资产总额	$267	$221	负债和股东权益总额	$267	$221

其他资料（单位：百万美元）：

（1）出售成本 $10 土地一块，收取现金 $18；

（2）出售一台设备，原值为 $14，累计折旧为 $7，收到现金 $5；

（3）支付现金 $12 购买其他公司股票，作为短期投资；

（4）支付现金 $30 购买地产用作停车场；

（5）年末签发一张面值 $20 带息长期应付票据换取一台设备。

（6）年初面值 $15 债券到期偿还。

（7）本年发放 10% 普通股股票股利，又发行 200 万股普通股换取现金，普通股每股面值 $10。股票增发时，每股市价 $13。

（8）支付现金股利 $5。

要求：

分别按间接法和直接法编制福田公司 2013 年度现金流量表。

第十三章

财务报表的使用与分析

一、判断题（对于以下表述，认为表述“正确”，填入“√”；认为表述“错误”，填入“×”）

1. 流动比率通常比速动比率高。（　　）

2. 股东权益报酬率可能高于总资产报酬率，也可能低于总资产报酬率。（　　）

3. 负债比率通常用于评价企业的营运资本的适当性。（　　）

4. 企业的赊账期为30天，应收账款周转率为4次，表示企业应收账款管理成绩显著。（　　）

5. 企业比较财务报表包括本企业报表及其竞争对手的财务报表。（　　）

6. 如果总资产报酬率高于债务成本，普通股东会从中获益。（　　）

7. 用于计算利息保障倍数的收益是企业净收益。（　　）

8. 分析财务报表需要阅读报表注释，了解财务报表数据所采用的会计方法。（　　）

9. 编制共同比报表通常选择同一报表上的关键项目为分母，其他项目表述为对该项目的比率。（　　）

10. 资产报酬率可以综合反映企业成本控制、销售和资产使用的效率。（　　）

二、单项选择题

1. 比较财务报表通常是指企业本期的财务报表与（　　）。

A. 以前年份相同财务报表的比较　　B. 同行业其他企业财务报表的比较

C. 同年度预算报表的比较　　D. 竞争对手财务报表的比较

2. 流动比率等于（　　）。

A. 流动资产除以流动负债　　B. 流动负债除以流动资产

C. 流动资产减去流动负债　　D. 长期负债除以长期资产

3. 负债比率一般用于计量评价（　　）。
   A. 企业资产的流动性
   B. 债权人的长期风险
   C. 企业盈利能力
   D. 投资报酬率
4. 毛利率是指（　　）。
   A. 企业市场份额
   B. 销售收入减去销售成本后的余额占销售收入比例
   C. 企业销售收入的变动趋势
   D. 净收益占销收入比率
5. 资产报酬率反映（　　）。
   A. 企业偿债能力
   B. 企业盈利能力
   C. 经营活动的变动情况
   D. 费用控制能力
6. 对每股收益和股利分派最为关注的人是（　　）。
   A. 优先股股东
   B. 普通股股东
   C. 向企业提供三个月贷款的银行
   D. 企业债券持有人
7. 某公司的流动比率是 1.2，该公司希望提高流动比率可采取的措施是（　　）。
   A. 以现金偿付部分应付账款
   B. 收回应收账款
   C. 向银行借入 $10 000
   D. 向股东宣布股票股利
8. 企业期末速动比率为 0.55，以下可以引起该比率提高的交易是（　　）。
   A. 银行提取现金
   B. 取得短期银行借款
   C. 收回应收账款
   D. 赊购商品
9. 杜宁公司 2012 年末的资产总额为 $500 000，长期负债为 100 000，流动资产为 $25 000，流动负债为 15 000。该公司的资产负债率是（　　）。
   A. 29.87%
   B. 20%
   C. 3%
   D. 23%
10. 利达公司 2012 年年末的流动资产为 $340 000，流动负债为 $260 000，存货为 $50 000 元。则下列说法正确的是（　　）。
    A. 营运资本为 $50 000
    B. 营运资本为 $80 000
    C. 流动比率为 0.625
    D. 速动比率为 0.75

三、多项选择题

1. 有关共同比报表的表述中，正确的是（　　）。
   A. 将报表上各个项目表述为同一报表内某一关键项目的百分比
   B. 可以显示各项目的相对重要地位

C. 收益表上通常将销售收入作为基数

D. 资产负债表上通常将资产总额或负债和股东权益总额作为分母

2. 财务报表比率分析包括（　　）。

A. 长期偿债能力分析

B. 盈利能力分析

C. 资产运营及人力资源管理能力结构分析

D. 流动能力分析

3. 评价企业流动能力的比率包括（　　）。

A. 流动比率　　B. 速动比率

C. 存货周转率　　D. 股东权益报酬率

4. 评价企业盈利能力的指标包括（　　）。

A. 资产报酬率　　B. EPS

C. 利息保障倍数　　D. 销售利润率

5. 为企业提供长期资金的债权人比较关注的比率是（　　）。

A. 速动比率　　B. 资产报酬率

C. 资产负债率　　D. 利息保障倍数

6. 影响应收账款周转率的因素有（　　）。

A. 企业信用政策　　B. 应收账款管理水平

C. 企业投资规模的变动幅度　　D. 销售模式的变化

7. 下列有关资产负债率的表述，正确的是（　　）。

A. 资产负债率的最佳标准是50%

B. 资产负债率越高，企业的财务风险就越大

C. 企业资产负债率越低债权人的权益就越有保障

D. 如果企业资产报酬率高于借债利息率，则较高的资产负债率可为股东创造更多的剩余收益

8. 下列有关企业盈利能力指标的表述中，正确的是（　　）。

A. 销售利润率可用来评价企业收取账款的能力

B. 资产报酬率受财务杠杆和资产周转率的影响

C. 资产使用效率和成本控制水平影响资产报酬率

D. 股东权益报酬率反映普通股股东权益的盈利水平

9. 可以提高资产报酬率的因素包括（　　）。

A. 增加销售收入

B. 加速流动资金周转

C. 控制成本，提高销售毛利率

D. 控制固定资产规模，提高固定资产使用效率

10. 基于财务报表计算的财务比率存在一定的不足，原因包括（　　）。

A. 没有采用公认会计准则

B. 大多财务数据基于历史成本

C. 有些数据是某一时点的静态数据

D. 计算财务比率的数据基于权责发生制基础

四、计算分析题

1. 以下是从泰德家具销售公司财务报表上摘录的5年来的销售收入与净收益数据：

	2013	2012	2011	2010	2009
销售收入	$840 000	$730 000	$605 000	$580 000	$500 000
净收益	7 400	6 600	5 800	4 200	3 500

要求：

以2009年为基期，计算反映泰德家具公司5年来的销售收入与净收益趋势比率，并对2014年销售收入与净收益加以预测。

2. 以下是伟伯公司2013与2012的损益表：

	2013	2012
销售收入	$5 000 000	$4 000 000
销售成本	3 300 000	2 680 000
销售毛利	1 700 000	1 320 000
营业费用		
销售费用	800 000	710 000
行政管理费用	600 000	406 000
税前收益	300 000	160 000
所得税	60 000	32 000
净收益	$240 000	$128 000

要求：

为伟伯公司编制2013与2012的比较共同比损益表，并对2013年的变动加以分析。

3. A公司的全部流动资产为$80 000，营运资本比率（即流动比率）为1.5。A公司将完成以下两项交易：

购入商品 \$5 000 以备销售，其中 \$2 000 为赊购；

购置运货卡车一辆，价值 \$10 000，付现金 \$2 000，余额开出 2 年期、计算应付票据一张。

要求：

计算每笔交易后该公司的流动比率。

4. 以下是从凯利公司某年度财务报表中摘录的有关资料：

销售	\$2 800 000
销售成本	1 855 000
存货平均余额	353 000
应收账款平均余额	320 000
利息费用	45 000
所得税	84 000
净收益	159 000
总资产平均余额	1 800 000
股东权益平均余额	795 000

要求：

（1）根据上述资料计算凯利公司的以下财务比率：

存货周转率、应收账款周转率、销售毛利、资产报酬率和股东权益报酬率；

（2）凯利公司可以 12% 的年利息率取得长期借款用于与上述计算的获利能力相同的投资项目。从股东的立场，凯利公司以 12% 的年利息率取得长期借款扩大经营规模是否有利？

5. 以下表中数据是从一家大型连锁超市零售集团 2013 年度财务报表上摘录的数据：

项　　目	数额（千美元）
现金	\$7 480
应收账款	15 270
商品存货	119 180
预付费用	9 550
商场设施及设备	249 290
留存收益	28 440
流动负债总额	193 900

要求：

（1）根据以上数据计算该连锁集团的流动资产和速动资产总额；

（2）计算流动比率、速动比率和营运资本；

（3）对于该连锁集团的短期债权人来说，根据上式计算结果，能否判断该连锁集团具有良好的信用风险还是濒临破产边缘？

（4）连锁超市与大型商场相比，在经营周期方面两者是否可比？

6. XY 公司 2013 的 12 月 31 日比较财务报表的数据总括如下：

	2012	2013
收益表		
销售收入	\$160 000①	\$150 000①
商品销售成本	98 000	91 000
毛利	62 000	59 000
营业费用	39 500	38 000
利息费用	3 500	2 500
税前收益	17 000	14 500
所得税	5 000	4 500
净收益	\$14 000	\$14 000
资产负债表		
现金	\$9 000	\$15 000
应收账款（净值）	12 000	14 000
存货	30 000	28 000
营业资产（净值）	50 000	43 000
	\$101 000	\$100 000
流动负债（不计息）	14 000	\$17 000
长期负债（年利率 10%）	35 000	35 000
普通股（面值为 \$10）	40000	40 000
留存收益②	12 000	8 000
	\$101 000	\$100 000

① 1/3 为赊销。

② 2013 年间，宣布并发放现金股利 \$10 000。

要求：

（1）编制 2012 和 2013 年度比较共同比收益表和资产负债表；

（2）计算以下有关 2013 年度的比率：

A. 销售毛利率

B. 平均所得税率

C. 投资于营业资产的资本占全部资本的比率

D. 计算负债/权益比率，你认为是否合适？并予以说明

E. 股东权益的报酬率

F. 全部资产的报酬率

G. 计算财务杠杆，是正数还是负数

H. 普通股的账面价值

7. A 公司和 B 公司 2013 年度的财务报表的有关资料总括如下：

	公司 A	公司 B
资产负债表：		
现金	$20 000	$40 000
应收账款（净值）	60 000	10 000
存货	120 000	30 000
营业资产（净值）	500 000	150 000
其他资产	155 000	54 000
总计	$855 000	$284 000
流动负债	$100 000	$20 000
长期负债（年利率 10%）	200 000	50 000
股本（面值为 $10）	500 000	200 000
超过面值的实收股本	25 000	2 000
留存盈利	30 000	12 000
总计	$855 000	$284 000
收益表：		
销售收入（赊销比例）	$900 000（1/2）	$300 000（1/3）
销售成本	-522 000	-180 000

续表

	公司 A	公司 B
费用（包括利息费和所得税）	-288 000	-84 000
净收益	$90 000	$36 000
	A 公司	B 公司
2013 年度财务报表有关数据：		
应收账款（净值）	$50 000	$14 000
长期负债（年利率 10%）	200 000	50 000
存货	100 000	45 000
其他资料：		
2013 年底股票每股市场价格	$12.75	$10.50
平均所得税率	30%	20%
2013 年度宣布并发放的股利	$40 000	$13 125

这两个公司经营的业务项目相同，位于同一个省的不同城市，且都有 10 年的营业历史，A 公司的财务报表由一个大会计师事务所审核，B 公司则由一个小会计师事务所审核。审核表明这两个公司报表真实符合会计准则。现在 A 公司需借款 $75 000，B 公司需借款 $30 000，两个公司的贷款都是用于营运资本，借款期间为 2 年。

要求：

（1）计算本章所介绍的比率，分别为每个公司列出一张比率计算表；

（2）假设你是该省地方银行贷款部职员，请根据所计算的比率及其他任何有关资料进行分析，提出你对贷款对象的选择。并说明理由。

8. A 公司用先进先出法（FIFO）计算其存货成本，B 公司用后进先出法（LIFO）计算其存货成本。两个公司除存货成本的计价方法不同外，其他各方面均十分相似。近年来两个公司的存货都在逐年增加，且存货项目的成本也在持续上涨。两个公司都在当年交纳这一年的税款。

要求：

对以下列示的比率，请判别哪一个公司报告的比率较高。若无法判断，请说明理由。

（1）流动比率；

（2）速动比率；

（3）负债/股东权益比率；

（4）股东权益报酬率；

（5）每股收益。

9. 格林公司是一家于2012年6月30日成立的当地公司，该公司开业以来的6个季度的净收益列示如下：

	2013 年度	2012 年度
第 1 季度	$253 000	$0
第 2 季度	308 000	0
第 3 季度	110 000	53 000
第 4 季度	495 000	530 000
全年合计	$1 166 000	$583 000

海伦是地方电台的记者，当格林公司的财务报表公布以后，海伦报道说“格林公司2013年第4季度的净收益增长了350%，全年的净收益比上年增长了100%”。

要求：

（1）海伦报道中的数据是如何计算的？你认为海伦的报道是否真实地反映格林公司的增长情况？

（2）根据以上格林公司6个季度的净收益数据，你如何计算格林公司的净收益变动比率？你为什么这样计算？并对格林公司的增长加以评价。

10. 威力公司2013年度报告的净收益为2千万美元，该公司发行在外的普通股2百万股，当年普通每股发放现金股利 $5. 74，年末普通股每股市场价为 $82。

要求：

请计算：威力公司的（1）市盈利率；（2）股息收益率；（3）股利分派率。

11. XY公司的副总经理约翰想了解公司存货的控制情况，因为过多存货会占用公司的资金，但若存货不足又会导致销售损失。为此约翰从商业协会索取到同XY公司经营业务类似公司的有关行业的平均数据如下：

项　　目	数　　据
存货周转天数	38 天
存货周转次数	11 次
销售成本	

约翰又从财务部门获取本公司上年的相关资料如下：

项　　目	数　　据
销售成本	300 000
期初存货	58 200
期末存货	62 880

要求：

假设上年数据代表公司的正常年份的情况，通过计算说明 XY 公司与行业平均水平比较情况。

12. RT 公司是一家经营计算机及相关产品的零售商，2013 年的资产负债表及损益表如下：

资产负债表 2013 年 12 月 31 日		资产负债表 2012 年 12 月 31 日	损益表 截止于 12 月 31 日，2013 年度	
资产				
现金	$125 000	$129 000	净销售额	$1 500 000
应收账款	275 000	270 000	销售成本	1 200 000
存货	325 000	332 000	销售毛利	300 000
固定资产（净额）	420 000	312 000	营业费用	100 000
总资产	$1 145 000	$1 043 000	营业利润	200 000
			利息费用	72 000
负债和股东权益			税前收益	128 000
应付账款	$150 000	$128 000	所得税（30%）	38 400
应付票据	225 000	210 000	净收益	$89 600
应计负债	100 000	109 000		
长期负债	400 000	262 430		
总负债	875 000	709 430		
股东权益	270 000	333 570		
负债和股东权益总额	$1 145 000	$1 043 000		

以下是根据以往年度财务报表计算的有关数据及行业数据：

	2011	2012	行业平均数据（2013）
流动比率	1.71	1.65	1.7
速动比率	0.92	0.89	0.94
平均收账期	60 天	60 天	65 天
存货周转率	4.2	3.9	4.5
总资产周转率	1.4	1.35	1.38
负债比率	59.20%	61.00%	60.00%
利息保障倍数	4.2	3.7	4.75
毛利率	25.00%	23.00%	22.40%
营业利润率	12.50%	12.70%	12.50%
净利润率	6.10%	6.00%	6.50%
总资产报酬率	8.54%	8.15%	8.90%
股东权益报酬率	20.93%	20.73%	22.26%

要求：

根据以上资料计算 2013 年的相应比率，并对有关比率的反映的问题加以解释，并向该公司管理当局说明可能存在的问题及原因。

13. 戴维斯是一家制造公司某分部的经理，戴维斯对该分部的融资没有决策和控制权，但对资产的购置和处置具有自主的决策和控制权，同时公司总部对该分部的投资报酬率比较看重。年末该分部的会计师向戴维斯提供了以下一些数据，据以计算投资报酬率：

2013 年度，截止于 12 月 31 日：

项　　目	金　　额
总资产（2013 年 1 月 1 日）	$440 000
总资产（2013 年 12 月 31 日）	577 500
长期负债（2013 年 1 月 1 日）	82 500
长期负债（2013 年 12 月 31 日）	105 600

续表

项　　目	金　　额
所有者权益（2013 年 1 月 1 日）	305 800
所有者权益（2013 年 12 月 31 日）	333 300
2013 年度净收益	59 400
长期负债利息费	4 700

要求：

（1）你如果是戴维斯，你倾向于用哪种方法来计算投资报酬率？为什么？

（2）用这种方法计算的 2013 年度的投资报酬率是多少？

习题参考答案

第一章　财务会计基本理论和财务报告概念框架

一、填空题

1. 会计主体，持续经营，会计分期，货币计量单位
2. 资产、负债、所有者权益、收入、费用
3. 资产、负债、所有者权益
4. 一年或一个经营周期内偿还的债务
5. 基本质量特征、提高质量特征
6. 及时性、可比性、可验证性、易懂性
7. 相关性、如实反映
8. 财务资本、实物资本
9. 预测价值、反馈价值
10. 收益表、资产负债表、现金流量表

二、判断题

1	2	3	4	5	6	7	8	9	10
×	×	√	√	√	×	√	×	√	√

三、单项选择题

1	2	3	4	5	6	7	8	9	10
B	A	C	C	A	B	D	C	C	C

四、多项选择题

1	2	3	4	5	6	7	8	9	10
BD	ABC	BD	ABC	ABC	ABC	ABC	BCD	ABC	ABCD

第二章　会计循环——交易分析与复式记账

一、判断题

1	2	3	4	5	6	7	8	9	10
×	√	√	×	×	√	×	×	×	×
11	12	13	14	15	16	17	18	19	20
√	×	√	×	×	×	×	√	×	×

二、单项选择题

1	2	3	4	5	6	7	8	9	10
A	A	D	C	B	C	A	B	B	C
11	12	13	14	15					
B	D	C	C	C					

三、多项选择题

1	2	3	4	5	6	7	8	9	10
ACD	BCD	ABC	AD	BC	ABC	ABCD	AC	BD	ABD
11	12	13	14	15					
BCD	ABCD	BCD	ABCD	ACD					

四、计算分析及会计处理题

6. 普通股期初余额　$740 000

应收账款贷方发生额　$6 500

应付账款借方发生额　$42 700

物料用品期初余额　$2 600

留存收益期末余额　$23 700

7. （1） \$51 460；（2） \$75 500；（3） \$36 000。

11. （1）试算平衡表不平衡；

（2）试算平衡表仍平衡；

（3）试算平衡表仍平衡；

（4）试算平衡表仍平衡；

（5）试算平衡表仍平衡。

12. 各账户期初余额见 T 型账户，1 月份经济业务的会计分录如下所示。

（1）借：现金	1 800	
贷：应收账款——瑞安		1 800
（2）借：物料用品	2 000	
贷：应付账款——汉森		2 000
（3）借：现金	7 100	
贷：营业收入		7 100
（4）借：律师费用	8 000	
贷：现金		8 000
（5）借：应收账款——比尔	13 500	
贷：营业收入		13 500
（6）借：修理费用	500	
贷：现金		500
（7）借：现金	3 500	
贷：应收账款——比尔		3 500
（8）借：水电费用	2 500	
贷：应付账款		2 500
（9）借：应付账款——汉森	2 000	
贷：现金		2 000
（10）借：现金	6 000	
贷：预收收入		6 000
（11）借：工薪费用	3 000	
贷：现金		3 000

将会计分录过入到下列 T 型账户并结出期末余额。

现金

借方		贷方	
期初余额	1 000		
（1）	1 800	（4）	8 000
（3）	7 100	（6）	500
（7）	3 500	（9）	2 000
（10）	6 000	（11）	3 000
本期发生额	18 400	本期发生额	13 500
期末余额	5 900		

应收账款

借方		贷方	
期初余额	4 000		
（5）	13 500	（1）	1 800
		（7）	3 500
本期发生额	13 500	本期发生额	5 300
期末余额	12 200		

预付房租

借方		贷方	
期初余额	4 000		
本期发生额	0	本期发生额	0
期末余额	4 000		

物料用品

借方		贷方	
期初余额	400		
（2）	2 000		
本期发生额	2 000	本期发生额	0
期末余额	2 400		

计算机设备

借方		贷方	
期初余额	105 000		
本期发生额	0	本期发生额	0
期末余额	105 000		

累计折旧

借方		贷方	
		期初余额	30 000
本期发生额	0	本期发生额	0
		期末余额	30 000

应付账款

借方		贷方	
		期初余额	3 000
（9）	2 000	（2）	2 000
		（8）	2 500
本期发生额	2 000	本期发生额	4 500
		期末余额	5 500

预收收入

借方		贷方	
		期初余额	0
		（10）	6 000
本期发生额	0	本期发生额	6 000
		期末余额	6 000

普通股

借方		贷方	
		期初余额	60 000
本期发生额	0	本期发生额	0
		期末余额	60 000

留存收益

借方		贷方	
		期初余额	21 400
本期发生额	0	本期发生额	0
		期末余额	21 400

借方	营业收入		贷方
		(3)	7 100
		(5)	13 500
本期发生额 0		本期发生额	20 600
		期末余额	20 600

借方	律师费用	贷方
(4)	8 000	
本期发生额	8 000	本期发生额 0
期末余额	8 000	

借方	修理费用	贷方
(6)	500	
本期发生额	500	本期发生额 0
期末余额	500	

借方	水电费用	贷方
(8)	2 500	
本期发生额	2 500	本期发生额 0
期末余额	2 500	

借方	工薪费用	贷方
(11)	3 000	
本期发生额	3 000	本期发生额 0
期末余额	3 000	

编制调整前试算平衡表如下所示。

罗宾信息服务公司试算平衡表

2013 年 1 月 31 日（调整前）

账　　户	借方余额	贷方余额
现金	$5 900	
应收账款	12 200	
物料用品	2 400	
预付房租	4 000	
计算机设备	105 000	
累计折旧		$30 000
应付账款		5 500
预收收入		6 000
普通股		60 000
留存收益		21 400

续表

账　　户	借方余额	贷方余额
营业收入		20 600
律师费用	8 000	
修理费用	500	
水电费用	2 500	
工薪费用	3 000	
合　　计	$143 500	$143 500

14. 各账户期初余额见 T 型账户，5 月份经济业务的会计分录如下所示。

	借方	贷方
（1）借：房租费用	400	
贷：现金		400
（2）借：现金	600	
贷：应收账款——甲		600
（3）借：应付票据	500	
贷：现金		500
（4）借：应收账款——乙	2 400	
贷：营业收入		2 400
（5）借：现金	300	
贷：营业收入		300
（6）借：物料用品	450	
贷：应付账款——A		450
（7）借：应付账款——B	700	
贷：现金		700
（8）借：现金	300	
贷：应收账款——乙		300
（9）借：运输费用	100	
贷：现金		100
（10）借：工薪费用	640	
贷：现金		640
（11）借：预付保险费	480	
贷：现金		480

（12）借：现金　　1 600
　　　　贷：预收收入　　1 600

（13）借：留存收益　　500
　　　　贷：现金　　500

将会计分录过入到下列 T 型账户并结出期末余额。

借方　现金　贷方

期初余额	4 000		
（2）	600	（1）	400
（5）	300	（3）	500
（8）	300	（7）	700
（12）	1 600	（9）	100
		（10）	640
		（11）	480
		（13）	500
本期发生额	2 800	本期发生额	3 320
期末余额	3 480		

借方　应收账款　贷方

期初余额	1 000		
（4）	2 400	（2）	600
		（8）	300
本期发生额	2 400	本期发生额	900
期末余额	2 500		

借方　预付保险费　贷方

期初余额	40		
（11）	480		
本期发生额	480	本期发生额 0	
期末余额	520		

借方　物料用品　贷方

期初余额	500		
（6）	450		
本期发生额	450	本期发生额 0	
期末余额	950		

借方　维修设备　贷方

期初余额	3 900		
本期发生额 0		本期发生额 0	
期末余额	3 900		

借方　累计折旧　贷方

期初余额	715		
本期发生额 0		本期发生额 0	
		期末余额	715

应付票据

借方		贷方	
		期初余额	1 500
(3)	500		
本期发生额	500	本期发生额	0
		期末余额	1 000

应付账款

借方		贷方	
		期初余额	925
(7)	700	(6)	450
本期发生额	700	本期发生额	450
		期末余额	675

预收收入

借方		贷方	
		期初余额	0
		(12)	1 600
本期发生额	0	本期发生额	1 600
		期末余额	1 600

普通股

借方		贷方	
		期初余额	5 000
本期发生额	0	本期发生额	0
		期末余额	5 000

留存收益

借方		贷方	
		期初余额	1 300
(13)	500		
本期发生额	500	本期发生额	0
		期末余额	800

营业收入

借方		贷方	
		(4)	2 400
		(5)	300
本期发生额	0	本期发生额	2 700
		期末余额	2 700

房租费用

借方		贷方	
(1)	400		
本期发生额	400	本期发生额	0
期末余额	400		

运输费用

借方		贷方	
(9)	100		
本期发生额	100	本期发生额	0
期末余额	100		

工薪费用

借方		贷方	
(10)	640		
本期发生额	640	本期发生额	0
期末余额	640		

沃森家具维修商店试算平衡表

2013 年 5 月 31 日（调整前）

账户	借方余额	贷方余额
现金	$3 480	
应收账款	2 500	
物料用品	950	
预付保险费	520	
维修设备	3 900	
累计折旧		$715
应付票据		1 000
应付账款		675
预收收入		1 600
普通股		5 000
留存收益		800
营业收入		2 700
房租费用	400	
运输费用	100	
工薪费用	640	
合计	$12 490	$12 490

15.

凯利代理服务公司试算平衡表

2012 年 12 月 31 日

账　户	借方余额	贷方余额
现金	$10 217	
应收账款	46 100	
预付保险费	10 000	
物料用品	7 000	
办公设备	98 000	

续表

账　　户	借方余额	贷方余额
应付账款		$21 967
预收收入		36 700
普通股		80 000
留存收益		10 500
营业收入		79 300
工薪费用	48 150	
房租费用	9 000	
合计	$228 467	$228 467

第三章　会计循环——损益确定和账项调整

一、判断题

1	2	3	4	5	6	7	8	9	10
√	×	×	×	√	×	×	×	√	×
11	12	13	14	15	16	17	18	19	20
√	√	×	√	×	√	×	×	×	×

二、单项选择题

1	2	3	4	5	6	7	8	9	10
D	A	C	B	B	A	D	C	B	D
11	12	13	14	15					
D	D	A	C	C					

三、多项选择题

1	2	3	4	5	6	7	8	9	10
BCD	ABC	BCD	AD	ABC	ACD	ACD	CD	AC	ABCD
11	12	13	14	15					
CD	ABC	ABC	ABCD	ABC					

四、计算分析及会计处理题

1. （1） \$260 000

（2） \$340 000； \$267 000

（3） \$38 000

2. （1）记为办公设备，不属于本月费用。

（2）属于上月的费用，不属于本月费用。

（3）属于上月的费用，不属于本月费用。

（4）属于本月收入。

（5）属于本月收入。

（6）属于本月费用。

（7）记为负债，不属于本月收入。

（8）记为资产，不属于本月费用。

如果 2013 年 1 月 31 日进行期末账项调整，则可能考虑的递延项目有：计提办公设备折旧，记录可能的前期预付房租的分摊或记录已赚取的前期预收收入；应计项目有：记录本月应承担的水电费和本月的应付工薪等。

5. （1）当年耗用办公用品 = \$3 000 - \$900 = \$2 100

借：物料费用　　2 100

　　贷：物料用品　　2 100

（2）当年已赚取的服务收入 = \$48 000 ×6/12 = \$24 000

借：预收收入　　24 000

　　贷：营业收入　　24 000

（3）当年已赚取的利息收入 = \$10 000 ×12% ×3/12 = \$300

借：应收利息　　300

　　贷：利息收入　　300

（4）借：工薪费用　　13 000

　　　　贷：应付工薪　　13 000

（5）借：折旧费用　　25 000

　　　　贷：累计折旧　　25 000

7. 编制调整分录如下所示。

调整（1）借：物料费用　　1 400

　　　　　　贷：物料用品　　1 400

（\$400 + \$2 000 - \$1 000 = \$1 400）

调整（2）借：房租费用　　2 000

贷：预付房租　　2 000

（$24 000 ÷ 12 = $2 000）

调整（3）借：折旧费用　　2 500

贷：累计折旧——计算机设备　　2 500

将调整分录过入到下列T型账户并结出期末余额（见第二章计算分析及会计处理题第12题答案），编制调整后试算平衡表。

借方　现金　贷方

借方		贷方	
期初余额	1 000		
（1）	1 800	（4）	8 000
（3）	7 100	（6）	500
（7）	3 500	（9）	2 000
（10）	6 000	（11）	3 000
本期发生额	18 400	本期发生额	13 500
期末余额	5 900		

借方　应收账款　贷方

借方		贷方	
期初余额	4 000		
（5）	13 500	（1）	1 800
		（7）	3 500
本期发生额	13 500	本期发生额	5 300
期末余额	12 200		

借方　预付房租　贷方

借方		贷方	
期初余额	4 000		
		调（2）	2 000
本期发生额	0	本期发生额	2 000
期末余额	2 000		

借方　物料用品　贷方

借方		贷方	
期初余额	400		
（2）	2 000	调（1）	1 400
本期发生额	2 000	本期发生额	1 400
期末余额	1 000		

借方　计算机设备　贷方

借方		贷方	
期初余额	105 000		
本期发生额	0	本期发生额	0
期末余额	105 000		

借方　累计折旧　贷方

借方		贷方	
		期初余额	30 000
		调（3）	2 500
本期发生额	0	本期发生额	2 500
		期末余额	32 500

借方　应付账款　贷方

		期初余额	3 000
(9)	2 000	(2)	2 000
		(8)	2 500
本期发生额	2 000	本期发生额	4 500
		期末余额	5 500

借方　预收收入　贷方

		期初余额	0
		(10)	6 000
本期发生额 0		本期发生额	6 000
		期末余额	6 000

借方　普通股　贷方

		期初余额	60 000
本期发生额 0		本期发生额 0	
		期末余额	60 000

借方　留存收益　贷方

		期初余额	21 400
本期发生额 0		本期发生额 0	
		期末余额	21 400

借方　营业收入　贷方

		(3)	7 100
		(5)	13 500
本期发生额 0		本期发生额	20 600
		期末余额	20 600

借方　律师费用　贷方

(4)	8 000		
本期发生额	8 000	本期发生额 0	
期末余额	8 000		

借方　修理费用　贷方

(6)	500		
本期发生额	500	本期发生额 0	
期末余额	500		

借方　水电费用　贷方

(8)	2 500		
本期发生额	2 500	本期发生额 0	
期末余额	2 500		

借方　工薪费用　贷方

(11)	3 000		
本期发生额	3 000	本期发生额 0	
期末余额	3 000		

借方　物料费用　贷方

调 (1)	1 400		
本期发生额	1 400	本期发生额 0	
期末余额	1 400		

借方	房租费用		贷方
调（2）	2 000		
本期发生额	2 000	本期发生额 0	
期末余额	2 000		

借方	折旧费用		贷方
调（3）	2 500		
本期发生额	2 500	本期发生额 0	
期末余额	2 500		

罗宾信息服务公司试算平衡表

2013 年 1 月 31 日（调整后）

账　　户	借方余额	贷方余额
现金	$5 900	
应收账款	12 200	
物料用品	1 000	
预付房租	2 000	
计算机设备	105 000	
累计折旧		$32 500
应付账款		5 500
预收收入		6 000
普通股		60 000
留存收益		21 400
营业收入		20 600
律师费用	8 000	
修理费用	500	
水电费用	2 500	
工薪费用	3 000	
物料费用	1 400	
房租费用	2 000	
折旧费用	2 500	
合　　计	$146 000	$146 000

编制财务报表如下所示。

罗宾信息服务公司收益表

2013 年 1 月份

项　　目	金　　额	
营业收入		$20 600
减：营业费用		
律师费用	$8 000	
修理费用	500	
水电费用	2 500	
工薪费用	3 000	
物料费用	1 400	
房租费用	2 000	
折旧费用	2 500	
营业费用合计		19 900
营业收益（净收益）		$700

罗宾信息服务公司留存收益表

2013 年 1 月份

留存收益期初余额（1 月 1 日）	$21 400
加：本月净收益	700
合计	22 100
减：向所有者分配股利	0
留存收益期末余额（1 月 31 日）	$22 100

罗宾信息服务公司资产负债表

2013 年 1 月 31 日

资　　产		负债及所有者权益	
流动资产：		流动负债：	
现金	$5 900	应付账款	$5 500
应收账款	12 200	预收收入	6 000
物料用品	1 000	流动负债合计	11 500

续表

资　　产		负债及所有者权益	
流动资产：		流动负债：	
预付房租	2 000		
流动资产合计	21 100	负债合计	11 500
长期资产：		所有者权益：	
计算机设备	105 000	普通股	60 000
减：累计折旧	(32 500)	留存收益	22 100
计算机设备净值	72 500	所有者权益合计	82 100
长期资产合计	72 500		
资产总计	$93 600	负债及所有者权益总计	$93 600

编制如下结账分录。

结（1）借：营业收入　20 600

　　　　贷：收益汇总　20 600

结（2）借：收益汇总　19 900

　　　　贷：律师费用　8 000

　　　　　　修理费用　500

　　　　　　水电费用　2 500

　　　　　　工薪费用　3 000

　　　　　　物料费用　1 400

　　　　　　房租费用　2 000

　　　　　　折旧费用　2 500

结（3）借：收益汇总　700

　　　　贷：留存收益　700

将结账分录过入T型账户，并编制结账后试算平衡表。

借方　收益汇总　贷方

借方		贷方	
结（2）	19 900	结（1）	20 600
结（3）	700		
本期发生额	20 600	本期发生额	20 600

借方　留存收益　贷方

借方	贷方	
	期初余额	21 400
	结（3）	700
本期发生额 0	本期发生额	700
	期末余额	22 100

借方	营业收入		贷方
结（1）	20 600	（3）	7 100
		（5）	13 500
本期发生额	20 600	本期发生额	20 600

借方	律师费用		贷方
（4）	8 000	结（2）	8 000
本期发生额	8 000	本期发生额	8 000

借方	修理费用		贷方
（6）	500	结（2）	500
本期发生额	500	本期发生额	500

借方	水电费用		贷方
（8）	2 500	结（2）	2 500
本期发生额	2 500	本期发生额	2 500

借方	工薪费用		贷方
（11）	3 000	结（2）	3 000
本期发生额	3 000	本期发生额	3 000

借方	物料费用		贷方
调（1）	1 400	结（2）	1 400
本期发生额	1 400	本期发生额	1 400

借方	房租费用		贷方
调（2）	2 000	结（2）	2 000
本期发生额	2 000	本期发生额	2 000

借方	折旧费用		贷方
调（3）	2 500	结（2）	2 500
本期发生额	2 500	本期发生额	2 500

罗宾信息服务公司试算平衡表

2013 年 1 月 31 日（结账后）

账户	借方余额	贷方余额
现金	$5 900	
应收账款	12 200	
物料用品	1 000	
预付房租	2 000	
计算机设备	105 000	
累计折旧		$32 500
应付账款		5 500
预收收入		6 000
普通股		60 000
留存收益		22 100
合计	$126 100	$126 100

9. 编制经济业务的会计分录并过入 T 型账户。

（1）借：现金	60 000	
贷：普通股		60 000
（2）借：房租费用	500	
贷：现金		500
（3）借：办公设备	50 000	
贷：应付账款		50 000
（4）借：现金	7 000	
贷：营业收入		7 000
（5）借：物料用品	4 000	
贷：现金		4 000
（6）借：应付账款	50 000	
贷：现金		50 000
（7）借：水电费用	200	
贷：现金		200
（8）借：应收账款	3 800	
贷：营业收入		3 800

编制账项调整分录并过入 T 型账户。

调整（1）借：物料费用	3 400	
贷：物料用品		3 400

（$4 000 - $600 = $3 400）

调整（2）借：工薪费用	2 900	
贷：应付工薪		2 900
调整（3）借：折旧费用	550	
贷：累计折旧		550
调整（4）借：应收账款	1 320	
贷：营业收入		1 320

（$220 × 6 = $1 320）

现金

借方		贷方	
期初余额	0		
(1)	60 000	(2)	500
(4)	7 000	(5)	4 000
		(6)	50 000
		(7)	200
本期发生额	67 000	本期发生额	54 700
期末余额	12 300		

应收账款

借方		贷方	
期初余额	0		
(8)	3 800		
调(4)	1 320		
本期发生额	5 120	本期发生额	0
期末余额	5 120		

物料用品

借方		贷方	
期初余额	0		
(5)	4 000	调(1)	3 400
本期发生额	4 000	本期发生额	3 400
期末余额	600		

办公设备

借方		贷方	
期初余额	0		
(3)	50 000		
本期发生额	50 000	本期发生额	0
期末余额	50 000		

累计折旧

借方		贷方	
		期初余额	0
		调(3)	550
本期发生额	0	本期发生额	550
		期末余额	550

应付账款

借方		贷方	
		期初余额	0
(6)	50 000	(3)	50 000
本期发生额	50 000	本期发生额	50 000
		期末余额	0

应付工薪

借方		贷方	
		期初余额	0
		调(2)	2 900
本期发生额	0	本期发生额	2 900
		期末余额	2 900

借方	普通股	贷方
	期初余额	0
	（1）	60 000
本期发生额 0	本期发生额	60 000
	期末余额	60 000

借方	留存收益	贷方
	期初余额	0
本期发生额 0	本期发生额	0
	期末余额	0

借方	营业收入	贷方
	（4）	7 000
	（8）	3 800
	调（4）	1 320
本期发生额 0	本期发生额	12 120
	期末余额	12 120

借方	房租费用	贷方
（2）	500	
本期发生额	500	本期发生额 0
期末余额	500	

借方	水电费用	贷方
（7）	200	
本期发生额	200	本期发生额 0
期末余额	200	

借方	物料费用	贷方
调（1）	3 400	
本期发生额	3 400	本期发生额 0
期末余额	3 400	

借方	工薪费用	贷方
调（2）	2 900	
本期发生额	2 900	本期发生额 0
期末余额	2 900	

借方	折旧费用	贷方
调（3）	550	
本期发生额	550	本期发生额 0
期末余额	550	

戈登建筑设计公司试算平衡表

2013 年 6 月 30 日（调整后）

账　　户	借方余额	贷方余额
现金	$12 300	
应收账款	5 120	
物料用品	600	
办公设备	50 000	

续表

账　户	借方余额	贷方余额
累计折旧		$550
应付账款		0
应付工薪		2 900
普通股		60 000
留存收益		0
营业收入		12 120
房租费用	500	
水电费用	200	
物料费用	3 400	
工薪费用	2 900	
折旧费用	550	
合　计	$75 570	$75 570

戈登建筑设计公司收益表

2013 年 6 月份

项　目	金额	
营业收入		$12 120
减：营业费用		
房租费用	$500	
水电费用	200	
物料费用	3 400	
工薪费用	2 900	
折旧费用	550	
营业费用合计		7 550
营业收益（净收益）		$4 570

戈登建筑设计公司留存收益表

2013 年 6 月份

留存收益期初余额（6 月 1 日）	$0
加：本月净收益	4 570
合计	4 570
减：向所有者分配股利	0
留存收益期末余额（6 月 30 日）	$4 570

戈登建筑设计公司资产负债表

2013 年 6 月 30 日

资　　产		负债及所有者权益	
流动资产：		流动负债：	
现金	$12 300	应付账款	$0
应收账款	5 120	应付工薪	2 900
物料用品	600	流动负债合计	2 900
流动资产合计	18 020	负债合计	2 900
长期资产：		所有者权益：	
办公设备	50 000	普通股	60 000
减：累计折旧	（550）	留存收益	4 570
办公设备净值	49 450	所有者权益合计	64 570
长期资产合计	49 450		
资产总计	$67 470	负债及所有者权益总计	$67 470

编制结账分录并过入 T 型账户。

结（1）借：营业收入　　12 120

　　　　贷：收益汇总　　12 120

结（2）借：收益汇总　　7 550

　　　　贷：房租费用　　500

　　　　　　水电费用　　200

　　　　　　物料费用　　3 400

工薪费用 2 900
折旧费用 550
结（3）借：收益汇总 4 570
贷：留存收益 4 570

借方 收益汇总 贷方

结（2）	7 550	结（1）	12 120
结（3）	4 570		
本期发生额	12 120	本期发生额	12 120

借方 留存收益 贷方

		期初余额	0
		结（3）	4 570
本期发生额 0		本期发生额	4 570
		期末余额	4 570

借方 营业收入 贷方

结（1）	12 120	（4）	7 000
		（8）	3 800
		调（4）	1 320
本期发生额	12 120	本期发生额	12 120

借方 房租费用 贷方

（2）	500	结（2）	500
本期发生额	500	本期发生额	500

借方 水电费用 贷方

（7）	200	结（2）	200
本期发生额	200	本期发生额	200

借方 物料费用 贷方

调（1）	3 400	结（2）	3 400
本期发生额	3 400	本期发生额	3 400

借方 工薪费用 贷方

调（2）	2 900	结（2）	2 900
本期发生额	2 900	本期发生额	2 900

借方 折旧费用 贷方

调（3）	550	结（2）	550
本期发生额	550	本期发生额	550

编制结账后试算平衡表如下。

戈登建筑设计公司试算平衡表

2013 年 6 月 30 日（结账后）

账　　户	借方余额	贷方余额
现金	$12 300	
应收账款	5 120	

续表

账　　户	借方余额	贷方余额
物料用品	600	
办公设备	50 000	
累计折旧		$550
应付账款		0
应付工薪		2 900
普通股		60 000
留存收益		4 570
合计	$68 020	$68 020

12. 编制调整分录。

调整（1）借：物料费用　400

　　　　　贷：物料用品　400

调整（2）借：保险费用　200

　　　　　贷：预付保险费　200

调整（3）借：折旧费用　300

　　　　　贷：累计折旧　300

调整（4）借：工薪费用　800

　　　　　贷：应付工薪　800

（$3 800 - $3 000 = $800）

调整（5）借：预收收入　7 400

　　　　　贷：营业收入　7 400

（$19 100 - $11 700 = $7 400）

将工作底稿填制完成如下：

莱恩公司工作底稿

2013 年 1 月 31 日

账户名称	调整前试算平衡表		调整后试算平衡表	
	借方余额	贷方余额	借方余额	贷方余额
现金	$10 400		$10 400	
物料用品	2 400		2 000	

续表

账户名称	调整前试算平衡表		调整后试算平衡表	
	借方余额	贷方余额	借方余额	贷方余额
预付保险费	2 000		1 800	
办公设备	32 100		32 100	
累计折旧		$6 200		$6 500
应付账款		4 600		4 600
应付工薪		0		800
预收收入		8 400		1 000
普通股		10 000		10 000
留存收益		9 000		9 000
营业收入		11 700		19 100
工薪费用	3 000		3 800	
保险费用			200	
折旧费用			300	
物料费用			400	
合计	$49 900	$49 900	$51 000	$51 000

编制莱恩公司结账分录。

结（1）借：营业收入	19 100	
贷：收益汇总		19 100
结（2）借：收益汇总	4 700	
贷：工薪费用		3 800
保险费用		200
折旧费用		300
物料费用		400
结（3）借：收益汇总	14 400	
贷：留存收益		14 400

编制莱恩公司资产负债表如下：

莱恩公司资产负债表

2013 年 1 月 31 日

资　　产		负债及所有者权益	
流动资产：		流动负债：	
现金	$10 400	应付账款	$4 600
物料用品	2 000	应付工薪	800
预付保险费	1 800	预收收入	1 000
流动资产合计	14 200	流动负债合计	6 400
长期资产：		负债合计	6 400
办公设备	32 100	所有者权益：	
减：累计折旧	(6 500)	普通股	10 000
办公设备净值	25 600	留存收益	23 400
长期资产合计	25 600	所有者权益合计	33 400
资产总计	$39 800	负债及所有者权益总计	$39 800

第四章　收入确认及收益表和资产负债表

一、判断题

1	2	3	4	5	6	7	8	9	10	11	12	13	14	15
×	√	×	×	√	√	√	√	×	√	√	×	×	×	√

二、单项选择题

1	2	3	4	5	6	7	8
B	A	A	D	D	D	C	C
9	10	11	12	13	14	15	
D	B	D	A	D	D	D	

三、多项选择题

1	2	3	4	5	6	7	8	9	10
BCD	CD	ABC	BD	AC	BCD	ABC	ABC	ABD	AB

四、计算分析题

1.（1）实收现金额 = \$50 000 ×（1 − 10%）×（1 − 2%）= \$44 100

（2）实收现金额 = \$50 000 ×（1 − 5%）= \$47 500

（3）实收现金额 = \$50 000 ×（1 − 15%）×（1 − 1%）= \$42 075

2.（1）现金折扣 =（\$1 000 − 200）× 2% = \$16；
实收现金额 = \$1 000 − 200 − 16 = \$784

（2）现金折扣 =（\$2 000 − 400）× 1% = \$16；
实收现金额 = \$2 000 − 400 − 16 + 100 = \$1 684

（3）现金折扣 =（\$4 000 − 1 000）× 2% = \$60；
实收现金额 = \$4 000 − 1 000 − 60 − 200 = \$2 740

（4）现金折扣 =（\$3 000 − 500）× 1% = \$25；
实收现金额 = \$3 000 − 500 − 25 = \$2 475

3.

（1）借：应收账款——麦克 10 000 贷：销售收入 10 000	（4）借：销售退回和折让 1 000 贷：应收账款——卡尔 1 000
（2）借：应收账款——卡尔 20 000 贷：销售收入 20 000	（5）借：现金 11 000 贷：应收账款——卡尔 11 000
（3）借：现金 9 800 销售折扣 200 贷：应收账款——麦克 10 000	（6）借：销售退回和折让 500 贷：销售折扣 10 现金 490

4. 9月3日借：应收账款 2 650
贷：销售收入 2 600
现金 50

9月7日借：销售退回和折让 100
贷：应收账款 100

9月14日借：现金 2 500
销售折扣 50
贷：应收账款 2 550

5.

(1) 借：应收账款——欧文 7 200 贷：销售收入 7 200	(5) 借：现金 4 000 贷：预收账款——肖特 4 000
(2) 借：销售费用 60 贷：现金 60	(6) 借：现金 6 762 销售折扣 138 贷：应收账款——欧文 6 900
(3) 借：现金 3 100 贷：应收账款——欧文 3 100	(7) 借：现金 2 300 贷：销售收入 2 300
(4) 借：销售退回和折让 300 贷：应收账款——欧文 300	(8) 借：预收账款——肖特 4 000 贷：销售收入 4 000

6. (1) 2012 年分期收款销售业务：

销售毛利总额 = \$80 000 - 24 000 = \$56 000

2012 年确认的销售毛利 = \$56 000 × (20 000/80 000) = \$14 000

2012 年确认的递延毛利 = \$56 000 - 14 000 = \$42 000

2013 年确认的销售毛利 = \$56 000 × (20 000/80 000) = \$14 000

2013 年确认的递延毛利 = \$42 000 - 14 000 = \$28 000

(2) 2013 年分期收款销售业务：

销售毛利总额 = \$50 000 - 25 000 = \$25 000

2013 年确认的销售毛利 = \$25 000 × (10 000/50 000) = \$5 000

2013 年确认的递延毛利 = \$25 000 - 5 000 = \$20 000

(3) 宏辉公司

2012 年确认的销售毛利 = \$14 000，2012 年确认的递延毛利 = \$42 000

2013 年确认的销售毛利 = \$14 000 + 5 000 = \$19 000，

2013 年确认的递延毛利 = \$28 000 + 20 000 = \$48 000

7.

2012 年	2013 年
借：分期收款销售应收款 1 000 000 贷：存货 700 000 递延毛利 300 000	借：分期收款销售应收款 2 000 000 贷：存货 1 200 000 递延毛利 800 000

续表

2012 年	2013 年
借：现金 150 000 贷：分期收款销售应收款 150 000	借：现金 290 000 贷：分期收款销售应收款 290 000 = $90 000 + 200 000 = $290 000
借：递延毛利 45 000 贷：已实现毛利 45 000 = $300 000 × (150 000/1 000 000) = $45 000	借：递延毛利 107 000 贷：已实现毛利 107 000 = $300 000 × (90 000/1 000 000) + $800 000 × (200 000/2 000 000) = $27 000 + 80 000 = $107 000

8. （1）建造合同预计总盈利 = $3 000 000 − (930 000 + 1 395 000)
= $3 000 000 − 2 325 000 = $675 000

完工程度 = 930 000/2 325 000 = 40%
2013 年建造合同收入 = $3 000 000 × 40% = $1 200 000
2013 年建造合同费用 = $2 325 000 × 40% = $930 000
2013 年建造合同利润 = $1 200 000 − 930 000 = $270 000

（2）建造合同预计总亏损 = $3 000 000 − (930 000 + 2 170 000)
= $3 000 000 − 3 100 000 = − $100 000

完工程度 = 930 000/3 100 000 = 30%
2013 年建造合同收入 = $3 000 000 × 30% = $900 000
建造合同预计损失 = − $100 000 × (1 − 30%) = − $70 000
2013 年建造合同费用 = $3 100 000 × 30% + 70 000 = $1 000 000
2013 年建造合同利润 = $900 000 − 1 000 000 = − $100 000

（3）由于建造合同的总盈亏无法合理估计，采用完工合同法。在未完工年度，按照实际发生的预计可回收成本确认收入。

2013 年建造合同收入 = $930 000
2013 年建造合同费用 = $930 000
2013 年建造合同利润 = 0

9. 单位：千美元

第一步，计算各年度的合同预计总盈亏。

	2011 年	2012 年	2013 年
合同总收入	5 000	5 000	5 000
当年发生的合同成本	1 500	1 000	1 600
之前累计已发生的合同成本	0	1 500	2 500
至当年末累计已发生的合同成本	1 500	2 500	4 100
当年末至完工预计发生的合同成本	2 250	1 500	0
预计合同总成本	3 750	4 000	4 100
预计总盈亏	1 250	1 000	900

第二步，计算各年度的完工程度。

	2011 年	2012 年	2013 年
完工程度	1 500/3 750 = 40%	2 500/4 000 = 62.5%	100%

第三步，计算各年度建造合同的收入、费用和损益。

	2012 年	2013 年	2014 年
收入	2 000 = 5 000 × 40%	1 125 = 5 000 × 62.5% − 2 000	1 875 = 5 000 × 100% − 2 000 − 1 125
费用	1 500 = 3 750 × 40%	1 000 = 4 000 × 62.5% − 1 500	1 600 = 4 100 × 100% − 1 500 − 1 000
利润（损失）	500	125	275

10.

格林公司 2013 年度收益表（单步骤式）

收入		
销售净额	$185 500	
利息收入	1 000	
土地出售利得	20 000	$206 500
费用		
销售成本	$102 000	
销售费用	3 000	
管理费用	9 000	
利息费用	3 200	
设备出售损失	3 500	
所得税费用	18 000	138 700
净收益		$67 800

11.

格林公司 2013 年度收益表（多步骤式）

销售净额	$185 500	
销售成本	(102 000)	
销售毛利	$83 500	
营业费用		
销售费用	($3 000)	
管理费用	(9 000)	(12 000)
营业收益		$71 500
其他收入和利得：		
出售土地利得	$20 000	
利息收入	1 000	21 000
其他费用和损失：		
利息费用	($3 200)	
设备出售损失：	(3 500)	(6 700)
税前收益		$85 800
所得税费用		18 000
净收益		$67 800

12.

奔腾公司 2013 年度收益表（多步骤式）

销售收入		$1 420 000
销售成本		(600 000)
销售毛利		$820 000
营业费用		(320 000)
营业收益		$500 000
其他收入和利得：		
利息收入		10 000
其他费用和损失：		
出售投资损失		(50 000)
持续经营税前收益		$460 000
所得税费用		184 000
持续经营收益		$276 000
终止经营		
食品分部经营损失（抵扣所得税 $37 500）	(112 500)	
食品分部处置损失（抵扣所得税 $20 000）	(60 000)	(172 500)
不含非常项目的收益		103 500
非常项目		
地震损失（抵扣所得税 $16 250）		48 750
净收益		$54 750

13. 流动资产：现金及现金等价物，短期投资，应收款项，商品存货，其他流动资产

非流动资产：土地和建筑物，租赁改良支出，设备和设施，资本性租赁资产，累计折旧，商誉，商标权，长期股权投资

流动负债：应付账款，尚未使用的礼物卡负债，应付职工薪酬，应付所得税，短期借款，长期债务的流动部分

非流动负债：长期负债

所有者权益：优先股，普通股，增收资本，留存收益，累计其他综合收益

14.

海纳公司 2013 年 12 月 31 日资产负债表（单位：美元）

资产			
流动资产			
现金		42 485	
短期投资		28 250	
应收账款	165 824		
减：坏账准备	(1 850)	163 974	
应收票据		23 000	
商品存货		489 713	
物料用品		9 780	
预付费用		16 252	
流动资产合计			773 454
长期投资			
长期股权投资			87 500
固定资产			
土地		125 000	
建筑物	975 800		
减：累计折旧	(341 200)	634 600	
固定资产合计			759 600
无形资产			
商誉			100 000
资产总额			**1 720 554**

续表

负债			
流动负债			
应付票据	50 000		
应付账款	197 532		
应付利息	500		
应付所得税	62 520		
应付职工薪酬	9 500		
预收账款	420		
流动负债合计		320 472	
非流动负债			
应付债券		500 000	
负债总额			820 472
股东权益			
普通股	700 000		
增收资本	37 500	737 500	
留存收益		162 582	
股东权益总额			900 082
负债和股东权益总额			**1 720 554**

第五章　现金及其他流动性金融资产

一、判断题

1	2	3	4	5	6	7	8	9	10
√	×	×	×	×	√	√	√	√	×

二、单项选择题

1	2	3	4	5	6	7	8	9	10
D	C	B	B	D	A	C	D	B	D

三、多项选择题

1	2	3	4	5					
ABD	ACD	ABC	ABCD	ABD					

四、计算分析及会计处理题

1.（1）借：零用现金　200
　　贷：现金　200
（2）借：物料用品　110.1
　　杂项费用　65.7
　　贷：现金　175.8
（3）借：物料用品　96.6
　　杂项费用　85.7
　　现金溢缺　1.9
　　零用现金　100
　　贷：现金　284.2

2.（1）时代公司银行存款余额调节表

××年8月31日

项　目	金额	项　目	金额
银行对账单余额	$11 200	公司现金账户余额	$8 940
加：企业已收银行未收款项		加：银行已收企业未收款项	
在途存款	2 400	银行代收票据款	4 040
	13 600		12 980
		减：银行已付企业未付款项	
减：企业已付银行未付款项		银行服务费	40
未兑现支票	3 300	存款不足退票	2 640
调整后余额	$10 300	调整后余额	$10 300

（2）时代公司编制以下调整分录：

① 记录银行代收到期的应收票据款：

借：现金　4 040

贷：应收票据 4 000

利息收入 40

② 记录银行收取的服务费：

借：杂项费用 40

贷：现金 40

③ 记录银行退票及银行手续费：

借：应收账款——A 公司 2 640

贷：现金 2 640

5.（1）借：现金 9 850

贷：应收账款 9 850

（2）借：应收账款 11 200

贷：销售收入 11 200

（3）借：坏账准备 1 100

贷：应收账款——哈利公司 1 100

（4）借：现金 16 500

贷：应收账款 16 500

（5）借：应收账款 8 000

贷：销售收入 8 000

（6）借：应收账款——西岸公司 900

贷：坏账准备 900

借：现金 900

贷：应收账款——西岸公司 900

（7）借：坏账准备 1 600

贷：应收账款——富达公司 1 600

（8）年末应收账款余额 = \$20 150 − \$9 850 + \$11 200 − \$1 100 − \$16 500 + \$8 000 − \$1 600 = \$10 300

年末调整前坏账准备余额 = \$1 680 − \$1 100 + \$900 − \$1 600 = − \$120（借方）

年末调整后坏账准备余额 = \$10 300 × 4% = \$412

计提坏账准备的调整分录确认的坏账损失 = \$412 + \$120 = \$532

借：坏账费用 532

贷：坏账准备 532

8.（1）借：应收票据 24 000

贷：销售收入 24 000

（2）借：应收利息	200	
贷：利息收入		200
（$24 000 × 10% × 1/12）		
（3）借：坏账费用	4 200	
贷：坏账准备		4 200
（4）借：现金	24 600	
贷：应收票据		24 000
应收利息		200
利息收入		400
（5）借：应收票据	10 000	
贷：应收账款——戴普		10 000

（6）到期值 = $10 000 + $10 000 × 8% × 90/360 = $10 200

贴现息 = $10 200 × 9% × 60/360 = $153

贴现实得款 = $10 200 − $153 = $10 047

借：现金	10 047	
贷：应收票据贴现		10 000
利息收入		47
（7）借：应收账款——戴普	10 210	
贷：现金		10 210
借：应收票据贴现	10 000	
贷：应收票据		10 000
10.（1）借：交易性证券投资	25 500	
贷：现金		25 500
借：现金	900	
贷：投资收益		900
借：交易性证券投资	2 500	
贷：交易性证券未实现利得		2 500

（2）在资产负债表中以市场价格列报于流动资产中：

流动资产：

交易性证券投资（成本 $25 500） $28 000

（3）增加当期净收益共计 $3 400（$900 + $2 500）

第六章 存 货

一、判断题

1	2	3	4	5	6	7	8	9	10
×	×	√	√	×	√	√	×	×	×

二、单项选择题

1	2	3	4	5	6	7	8	9	10
C	B	C	D	C	D	B	D	B	C
11	12	13							
C	C	A							

三、多项选择题

1	2	3	4	5	6	7			
ABCD	ABCD	ABD	ABC	ABCD	ABCD	ABCD			

四、计算分析及会计处理题

1. 定期盘存制的会计分录如下：

（1）借：购货　24 000
　　贷：应付账款——里奇公司　24 000

（2）借：购货运费　1 600
　　贷：现金　1 600

（3）借：应付账款——里奇公司　2 000
　　贷：购货退回和折让　2 000

（4）借：应付账款——里奇公司　22 000
　　贷：购货折扣　440
　　　　现金　21 560

（5）借：应收账款——贝德公司　28 000
　　贷：销售收入　28 000

（6）期末调整商品存货账户和销售成本账户：

① 借：销售成本	6 000	
贷：商品存货		6 000
② 借：销售成本	23 160	
购货退回和折让	2 000	
购货折扣	440	
贷：购货		24 000
购货运费		1 600
③ 借：商品存货	8 000	
贷：销售成本		8 000

本期销货成本 = \$6 000 + (\$24 000 + \$1 600 - \$2 000 - \$440) - \$8 000
= \$21 160

永续盘存制的会计分录如下：

(1) 借：商品存货	24 000	
贷：应付账款——里奇公司		24 000
(2) 借：商品存货	1 600	
贷：现金		1 600
(3) 借：应付账款——里奇公司	2 000	
贷：商品存货		2 000
(4) 借：应付账款——里奇公司	22 000	
贷：商品存货		440
现金		21 560
(5) 借：应收账款——贝德公司	28 000	
贷：销售收入		28 000
借：销售成本	21 000	
贷：商品存货		21 000

(6) 期末调整商品存货账户：

期末存货账面价值 = \$6 000 + (\$24 000 + \$1 600 - \$2 000 - \$440) -
\$21 000 = \$8 160

存货盘亏 = \$8 160 - \$8 000 = \$160

借：存货盘亏损失	160	
贷：商品存货		160

3. (1) 商品销售成本的计算：

购货　　\$64 000

购货运费　　4 000
减：购货折扣　　3 000
购货退回和折让　　16 004 600
本期购货成本　　$63 400

销售成本 = \$14 000 + \$63 400 − \$9 500 = \$67 900

（2）商品销售毛利的计算：
销售收入　　$96 000
减：销货折扣　　1 000
销货退回及折让　　18 002 800
销售净额　　93 200
减：销售成本　　67 900
销售毛利　　$25 300

4.（1）定期盘存制

期末存货成本 = 2 000 × \$13 + 200 × \$11 = \$28 200
本期销售成本 = 1 600 × \$10 + 3 800 × \$11 = \$57 800

（2）永续盘存制存货明细账（先进先出法）

日期	摘要	收入			发出			结存		
		数量	单位成本	总成本	数量	单位成本	总成本	数量	单位成本	总成本
1.1	期初							1 600	$10	$16 000
1.5	购货	4 000	$11	$44 000				1 600 4 000	$10 $11	$60 000
1.8	销售				1 600 600	$10 $11	$22 600	3 400	$11	$37 400
1.18	购货	2 000	$13	$26 000				3 400 2 000	$11 $13	$63 400
1.26	销售				3 200	$11	$35 200	200 2 000	$11 $13	$28 200
	合计	6 000		$70 000	5 400		$57 800	2 200		$28 200

（3）两种盘存制下计算的期末存货成本和销售成本相同。

6.（1）可供销售的商品数量 = 1 000 + 1 200 + 1 600 = 3 800（件）

可供销售的商品金额 = 1 000 × \$20 + 1 200 × \$24 + 1 600 × \$26 = \$90 400

（2）定期盘存制

期末存货成本 = 1 000 × \$20 + 400 × \$24 = \$29 600

本期销售成本 = 1 600 × \$26 + 800 × \$24 = \$60 800

（3）永续盘存制存货明细账（后进先出法）

日期	摘要	收入			发出			结存		
		数量	单位成本	总成本	数量	单位成本	总成本	数量	单位成本	总成本
	期初							1 000	\$20	\$20 000
	购货	1 200	\$24	\$28 800				1 000 1 200	\$20 \$24	\$48 800
	销售				1 200 200	\$24 \$20	\$32 800	800	\$20	\$16 000
	购货	1 600	\$26	\$41 600				800 1 600	\$20 \$26	\$57 600
	销售				1 000	\$26	\$26 000	800 600	\$20 \$26	\$31 600
	合计	2 800		\$70 400	2 400		\$58 800	1 400		\$31 600

（4）两种盘存制的期末存货成本相差 = \$31 600 − \$29 600 = \$2 000

差异原因：定期盘存制是在期末按最早的单位成本一次计算期末存货成本和销售成本；而永续盘存制是随时计算销售成本和存货成本，有些最早或较早的单位成本已计入销售成本，因而剩余存货不一定按最早的单位成本确定。这样，在两种不同的存货盘存制下确定的存货成本，可能取自相同的存货层，也可能取自不同的存货层。

7.（1）移动加权平均法

永续盘存制存货明细账

日期	摘要	收入			发出			结存		
		数量	单位成本	总成本	数量	单位成本	总成本	数量	单位成本	总成本
1.1	期初							300	$27	$8 100
1.7	购货	600	$30	$18 000				900	$29	$26 100
1.13	销售				500	$29	$14 500	400	$29	$11 600
1.22	购货	400	$28	$11 200				800	$28.5	$22 800
1.28	销售				410	$28.5	$11 685	390	$28.5	$11 115
1.31	合计	1 000		$29 200	910		$26 185	390	$28.5	$11 115

（2）1月7日购货业务：

借：商品存货　　18 000

　　贷：应付账款　　18 000

（3）1月13日销售业务：

借：应收账款　　30 000

　　贷：销售收入　　30 000

借：销售成本　　14 500

　　贷：商品存货　　14 500

（4）加权平均法

加权平均单位成本 =（$8 100 + $29 200）÷（300 + 1 000）= $28.692 3

期末存货成本 = 390 × $28.692 3 = $11 190

销售成本 = 910 × $28.692 3 = $26 110

（5）在平均成本法下，采用永续盘存制和定期盘存制会得出不同的期末存货成本和销售成本，原因是两者计算的加权平均单位成本是不同的。

9.（1）销售收入 =（1 200 + 1 100）× $20 = $46 000

加权平均法：

加权平均单位成本 =（$8 400 + $8 400 + $5 580 − $9 × 20）÷（1 400 + 1 200 + 600）

= $6.937 5

本期销售成本 =（1 200 + 1 100）× \$6.937 5 = \$15 956

期末存货成本 = 900 × \$6.937 5 = \$6 244

先进先出法：

本期销售成本 =（1 200 × \$6）+（200 × \$6）+（900 × \$7）= \$14 700

期末存货成本 =（600 × \$9）+（300 × \$7）= \$7 500

后进先出法：

本期销售成本 =（600 × \$9）+（1 200 × \$7）+（500 × \$6）= \$16 800

期末存货成本 = 900 × \$6 = \$5 400

彼德公司简明收益表

	加权平均法	先进先出法	后进先出法
销售收入	\$46 000	\$46 000	\$46 000
减：销售成本	\$15 956	\$ 14 700	\$16 800
毛利	\$30 044	\$31 300	\$29 200

（2）先进先出法具有较高的营业收益。

（3）后进先出法具有较低的所得税。

11.（1）按成本与市价孰低法对期末存货进行计价

类别	存货数量	成本	市价	单个项目	主要类别	全部存货
甲类						
A	200	\$3 160	\$3 300	\$3 160		
B	400	7 600	6 400	6 400		
合计		10 760	9 700		\$9 700	
乙类						
C	500	8 500	7 500	7 500		
D	100	1 150	1 200	1 150		
合计		9 650	8 700		8 700	
总计		\$20 410	\$18 400	\$18 210	\$18 400	\$18 400

（2）按单个存货项目比较确定的存货跌价损失 = \$20 410 − \$18 210 = \$2 200

编制如下计提存货跌价准备的调整分录：

借：存货减值损失　　2 200

　　贷：存货跌价准备　　2 220

13. 用毛利法确定期末存货的估计成本：

	A	B	C
期初存货	$80 000	$46 000	$480 000
加：本期购货	500 000	172 000	1 500 000
可供销售成本	580 000	218 000	1 980 000
本期销售净额	700 000	280 000	2 520 000
估计毛利率	25%	30%	35%
估计毛利	175 000	84 000	882 000
估计销售成本	525 000	196 000	1 638 000
估计期末存货成本	$55 000	$22 000	$342 000

14. （1）

	按成本	按零售价
期初存货	$36 000	$45 000
本期购货	84 000	135 000
可供销货商品总额	120 000	180 000
减：本期销售净额		140 000
按零售价计算的期末存货		40 000
成本零售价比率(120 000/180 000) ×66.67%		
年末账面估计的存货成本	$26 668	

年末实物盘存估计的存货成本 = $38 800 ×66.67% = $25 868

（2）估计存货损失 = $26 668 - $25 868 = $800

调整分录：

借：存货盘亏损失 800

  贷：商品存货 800

（3）年末资产负债表上的存货金额应按实物盘存的估计成本 $25 868 列示。

第七章 长期营业用资产

一、判断题

1	2	3	4	5	6	7	8	9	10
×	×	√	×	√	√	×	×	√	×

二、单项选择题

1	2	3	4	5	6	7	8	9	10
B	D	C	B	B	B	C	D	D	A
11	12								
B	D								

三、多项选择题

1	2	3	4	5	6	7	8	9	10
ACD	ABCD	ABCD	ABC	ACD	ABCD	ABCD	BCD	ABD	ABCD

四、计算分析及会计处理题

1. 各项资产的成本确定如下：

土地	土地改良	建筑物	机器设备
$85 000	$13 000	$300 000	$48 000
7 000	17 000	15 000	21 000
2 000	25 000		9 000
4 000			
3 000			
16 000			
$117 000	$55 000	$315 000	$78 000

3. （1）分配一揽子购买成本

资产	估定价值	百分比	每项资产成本
土地	\$160 000	20%	20% × \$900 000 = \$180 000
建筑物	\$360 000	45%	45% × \$900 000 = \$405 000
机器设备	\$280 000	35%	35% × \$900 000 = \$315 000
总计	\$800 000	100%	\$900 000

（2）编制会计分录如下：

借：土地　180 000

　　建筑物　405 000

　　机器设备　315 000

　　贷：现金　900 000

5.（1）直线法

每年折旧额 =（\$36 000 − \$2 000）/4 = \$8 500

（2）工作量法

单位产量折旧额 =（\$36 000 − \$2 000）/80 000 = \$0.425/个

第 1 年折旧额 = 16 000 × \$0.425 = \$6 800

第 2 年折旧额 = 24 000 × \$0.425 = \$10 200

第 3 年折旧额 = 22 000 × \$0.425 = \$9 350

第 4 年折旧额 = 18 000 × \$0.425 = \$7 650

（3）双倍余额递减法

第 1 年折旧额 = \$36 000 × 2/4 = \$18 000

第 2 年折旧额 =（\$36 000 − \$18 000）× 2/4 = \$18 000 × 2/4 = \$9 000

第 3 年折旧额 =（\$18 000 − \$9 000）× 2/4 = \$9 000 × 2/4 = \$4 500

第 4 年折旧额 =（\$9 000 − \$4 500）− \$2 000 = \$2 500

（4）年数总和法

第 1 年折旧额 =（\$36 000 − \$2 000）× 4/10 = \$13 600

第 2 年折旧额 =（\$36 000 − \$2 000）× 3/10 = \$10 200

第 3 年折旧额 =（\$36 000 − \$2 000）× 2/10 = \$6 800

第 4 年折旧额 =（$36 000 − $2 000）×1/10 = $3 400

7.（1）设备的原始成本 = $80 000 ×（1 − 2%）+ $1 200 + $1 600 + $1 600 = $82 800

① 1 月 1 日按净价：

借：机器设备　　78 400

　　贷：应付账款　　78 400

② 支付其他费用：

借：机器设备　　4 400

　　贷：现金　　4 400

③ 1 月 10 日付款：

借：应付账款　　78 400

　　贷：现金　　78 400

（2）会计处理。

① 机器设备日常维修的会计处理：

借：维修费用　　2 000

　　贷：原材料　　2 000

② 机器设备改良的会计处理：

借：累计折旧　　16 400

　　贷：现金　　16 400

（3）设备原每年折旧额 =（$82 800 − $2 800）/4 = $20 000

设备的原始成本	$82 800
减：已提累计折旧额（$20 000 ×3）	(60 000)
加：改良支出冲减累计折旧	16 400
改良后剩余账面价值	$39 200
减：改良后的估计残值	3 200
改良后的应折旧成本	$36 000
改良后剩余使用年限 3 年	
改良后每年的新折旧额（$36 000/3）	$12 000

9.（1）计算折旧。

① 直线法：

第 2 年折旧额 =（$20 000 − $2 000）/5 = $3 600

② 工作量法：

单位里程折旧额 =（$20 000 − $2 000）/100 000 = $0.18/公里

第 2 年折旧额 = 27 000 × \$0.18 = \$4 860

③ 双倍余额递减法：

第 2 年折旧额 = (\$20 000 − \$20 000 × 2/5) × 2/5 = \$4 800

④ 年数总和法：

第 2 年折旧额 = (\$20 000 − \$2 000) × 4/15 = \$4 800

（2）变卖清理利得 = \$3 200 − \$2 000 = \$1 200

借：现金	3 200	
累计折旧	18 000	
贷：运货卡车		20 000
厂场资产处置利得		1 200

（3）以旧换新：

已提累计折旧 = \$3 600 × 4 + \$3 600 × 4/12 = \$15 600

账面价值 = \$20 000 − \$15 600 = \$4 400

交换损失 = \$4 400 − \$4 000 = \$400

借：运货卡车（新）	19 000	
累计折旧	15 600	
厂场资产交换损失	400	
贷：运货卡车（旧）		20 000
现金		15 000

11. 每吨折耗费 = (\$4 000 000 − \$320 000)/8 000 000 = \$0.46/吨

2013 年应计提的折耗费 = 600 000 × \$0.46 = \$276 000

编制会计分录如下：

借：折耗费用	276 000	
贷：累计折耗		276 000
借：销售成本	230 000	
产成品	46 000	
贷：折耗费用		276 000

13. （1）编制经济业务的会计分录

① 借：开办费用	40 000	
贷：现金		40 000

② 借：土地 120 000
建筑物 280 000
贷：现金 400 000

土地价值 = $400 000 ×3/10 = $120 000
建筑物价值 = $400 000 ×7/10 = $280 000

③ 借：专利权 90 000
贷：现金 90 000
④ 借：机器设备 236 000
贷：现金 236 000

（2）设备第 1 年折旧额 = $236 000 ×2/5 = $94 400
借：折旧费用 94 400
贷：累计折旧——设备 94 400

房屋年折旧额 =（$280 000 － $10 000）/10 = $27 000

借：折旧费用 27 000
贷：累计折旧——房屋 27 000
借：摊销费用 8 000
贷：开办费用 8 000（$40 000/5）
借：摊销费用 15 000
贷：专利权 15 000（$90 000/6）

第八章 流动负债

一、判断题

1	2	3	4	5	6	7	8	9	10
×	×	√	√	×	×	√	×	√	√

二、单项选择题

1	2	3	4	5	6	7	8	9	10
C	B	A	D	B	A	A	C	D	B

三、多项选择题

1	2	3	4	5	6				
ABD	ABCD	BD	BCD	ABCD	ABCD				

四、计算分析及会计处理题

2. 会计分录如下：

(1) 借：商品存货　80 000
　　贷：应付票据　80 000

(2) 借：商品存货　16 000
　　贷：应付账款　16 000

(3) 借：留存收益　20 000
　　贷：应付股利　20 000

(4) 借：现金　30 000
　　贷：预收收入　30 000

(5) 借：应付账款　16 000
　　贷：现金　15 680
　　　　商品存货　320

(6) 借：物料用品　580
　　贷：应付账款　580

(7) 借：工薪费用　1 000
　　贷：应付工薪　1 000

(8) 调整应付票据利息费用

借：利息费用　600
　　贷：应付利息　600

应计利息 = \$80 000 × 9% × 30/360 = \$600

3. 贷款业务的会计处理：

(1) 2012 年 11 月 1 日取得贷款时。

借：现金　120 000
　　贷：应付票据　120 000

(2) 2012 年 12 月 31 日调整分录。

借：利息费用　2 000

贷：应付利息　　2 000

应计利息 = $120 000 × 10% × 2/12 = $2 000

（3）2013 年 5 月 1 日票据到期付款。

借：应付票据　　120 000
　　应付利息　　2 000
　　利息费用　　4 000
　　贷：现金　　126 000

采用应付票据贴现方式取得贷款业务的会计处理：

银行预扣贴现息 = $120 000 × 10% × 6/12 = $6 000

企业实得款 = $120 000 − $6 000 = $114 000

（1）2012 年 11 月 1 日取得贷款时。

借：现金　　114 000
　　应付票据贴现　　6 000
　　贷：应付票据　　120 000

（2）2012 年 12 月 31 日调整分录。

借：利息费用　　2 000
　　贷：应付票据贴现　　2 000

（3）2013 年 5 月 1 日票据到期付款。

借：应付票据　　120 000
　　利息费用　　4 000
　　贷：现金　　120 000
　　　　应付票据贴现　　4 000

5.（1）销售业务

借：应收账款　　315 000
　　贷：销售收入　　315 000

（2）不含税收入 = $315 000/1.05 = $300 000

销售税 = $315 000 − $300 000 = $15 000

借：销售收入　　15 000
　　贷：应付销售税　　15 000

（3）汇交代征销售税

借：应付销售税　　15 000
　　贷：现金　　15 000

6. （1）因估计的全年财产税额为 \$72 000，则每月应摊 \$6 000。2012 年 7、8、9 月，每月末记载估计的当月财产税费用的会计分录为：

借：财产税费用　　6 000
　　贷：应付财产税　　6 000

（2）在 2012 年 10 月末对各月分摊的财产税费用进行调整：

实际每月应摊财产税费用 = \$75 600/12 = \$6 300

前 3 个月共少摊财产税费用 =（\$6 300 － \$6 000）×3 = \$900

10 月份的财产税费用 = \$6 300 + \$900 = \$7 200

2012 年 10 月 31 日缴纳全年财产税时的会计分录如下：

借：应付财产税　　18 000
　　财产税费用　　7 200
　　预付财产税　　50 400
　　贷：现金　　75 600

（3）2012 年 11 月至 2013 年 6 月，每月末记载财产税费用的会计分录为：

借：财产税费用　　6 300
　　贷：预付财产税　　6 300

9. （1）记录已发生的工薪费用。

借：工薪费用　　88 000
　　贷：应付雇员所得税　　10 400
　　　　应付联邦保险税　　7 040（\$88 000×8%）
　　　　应付工薪　　70 560

（2）记录由企业应付的工薪税费用。

借：工薪税费用　　10 560
　　贷：应付联邦保险税　　7 040
　　　　应付失业保险税　　3 520（\$88 000×4%）

（3）支付工薪。

借：应付工薪　　70 560
　　贷：现金　　70 560

11. （1）5 月份：

本月出售的产品中在本月发生的保修费用。

借：保证费用　　4 800
　　贷：现金　　4 800

当月估计有缺陷产品数量（10 000 ×2%）200 件
减：本月已修复的缺陷产品80
以后保证期内可能出现的缺陷产品120 件

月末产品保证估计负债 = 120 × \$50 = \$6 000

借：保证费用	6 000	
贷：应付保证估计负债		6 000

（2）6 月份：
本月出售的产品中在本月发生的保修费用。

借：保证费用	3 560	
贷：现金		3 560

5 月出售的产品中在本月发生的保修费用：

借：应付保证估计负债	4 200	
贷：现金		4 200

当月估计有缺陷产品数量（12 000 ×2%）240 件
减：本月已修复的缺陷产品70
以后保证期内可能出现的缺陷产品170 件

月末产品保证估计负债 = 170 × \$50 = \$8 500

借：保证费用	8 500	
贷：应付保证估计负债		8 500

（3）7 月份：
本月出售的产品中在本月发生的保修费用。

借：保证费用	3 240	
贷：现金		3 240

5、6 月出售的产品中在本月发生的保修费用：

借：应付保证估计负债	6 300	
贷：现金		6 300

当月估计有缺陷产品数量（20 000 ×2%）400 件
减：本月已修复的缺陷产品60
以后保证期内可能出现的缺陷产品340 件

月末产品保证估计负债 = 340 × \$50 = \$17 000

借：保证费用	17 000	

贷：应付保证估计负债 17 000

13. （1）每年所得税费用、应税所得、应交所得税和递延所得税单位：$

项　　目	2012 年	2013 年	2014 年	2015 年	合计
扣减折旧前的税前账面收益(1)	50 000	50 000	50 000	50 000	200 000
折旧费(直线法)(2)	11 250	11 250	11 250	11 250	45 000
税前账面收益(3)=(1)-(2)	38 750	38 750	38 750	38 750	155 000
所得税费用(4)=(3)×30%	11 625	11 625	11 625	11 625	46 500
折旧费(双倍余额递减法)(5)	25 000	12 500	6 250	1 250	45 000
应税所得(6)=(1)-(5)	25 000	37 500	43 750	48 750	155 000
应交所得税(7)=(6)×30%	7 500	11 250	13 125	14 625	46 500
递延所得税(8)=(4)-(7)	4 125	375	(1 500)	(3 000)	0

（2）每年有关应付所得税的会计分录如下：

2012 年：借：所得税费用 11 625

贷：应付所得税 7 500

递延所得税 4 120

2013 年：借：所得税费用 11 625

贷：应付所得税 11 250

递延所得税 375

2014 年：借：所得税费用 11 625

递延所得税 1 500

贷：应付所得税 13 125

2015 年：借：所得税费用 11 625

递延所得税 3 000

贷：应付所得税 14 625

第九章 金融工具：长期负债和长期债权投资

一、判断题

1	2	3	4	5	6	7	8	9	10
√	√	×	×	×	√	×	√	×	√

二、单项选择题

1	2	3	4	5	6	7	8	9	10
C	A	D	B	B	B	A	A	C	C
11	12	13	14						
C	D	C	D						

三、多项选择题

1	2	3	4	5	6				
ABCD	ABCD	AD	BD	ABC	ABCD				

四、计算分析及会计处理题

2.（1）公司债券到期值为 \$500 000；公司债券的发行价格为 \$517 324。

（2）公司债券为溢价发行

债券溢价 =（\$517 324 − \$500 000）= \$17 324

（3）公司债券票面利率 = \$35 000 ÷ \$500 000 × 100% = 7%

（4）溢价采用实际利率法摊销

实际利率 = \$31 039 ÷ \$517 324 × 100% = 6%

4.（1）公司债券发行价 = \$1 000 000 × 0.675 56 + \$1 000 000 × 5% × 8.110 9
= \$675 560 + \$405 545 = \$1 081 105

公司债券溢价摊销表（实际利率法）单位：$

期数	支付利息 A = 到期值 ×5%	利息费用 B = E ×4%	溢价摊销 C = A − B	债券溢价余额 D = 上期 D − C	应付债券账面价值 E = 面值 − D
发行				81 105	1 081 105
1	50 000	43 244	6 756	74 349	1 074 349
2	50 000	42 974	7 026	67 323	1 067 323
3	50 000	42 693	7 307	60 016	1 060 016
4	50 000	42 401	7 599	52 417	1 052 417

（2）有关的会计分录：

① 发行债券时。

借：现金　1 081 105

　贷：应付债券　1 000 000

　　应付债券溢价　81 105

② 2013 年 6 月 30 日支付利息及摊销溢价。

借：利息费用　43 244

　应付债券溢价　6 756

　贷：现金　50 000

③ 2013 年 12 月 31 日支付利息及摊销溢价。

借：利息费用　42 974

　应付债券溢价　7 026

　贷：现金　50 000

（3）2013 年 12 月 31 日资产负债表列报。

长期负债：

应付债券 $1 000 000

加：应付债券溢价67 323 $1 067 323

6.（1）债券发行时。

债券发行价格 = $1 000 ×400 ×98% = $392 000

借：现金　392 000

　应付债券折价　8 000

　贷：应付债券　400 000

（2）2012 年 7 月 1 日支付利息时。

支付利息 = \$400 000 × 4% = \$16 000

折价摊销 = \$8 000 ÷ 20 = \$400

借：利息费用	16 400	
贷：应付债券折价		400
现金		16 000

（3）2012 年 12 月 31 日调整应计利息。

借：利息费用	16 400	
贷：应付债券折价		400
应付利息		16 000

（4）2016 年 1 月 2 日赎回债券。

截至 2016 年 1 月 1 日 4 年共摊销折价 = \$400 × 8 = \$3 200

应付债券折价账户余额 = \$8 000 − \$3 200 = \$4 800

债券赎回价格（104% × \$1 000 × 400）\$416 000

应付债券面值 \$400 000

减：未摊销折价4 800 395 200

债券赎回损失 \$20 800

借：应付债券	400 000	
债券赎回损失	20 800	
贷：应付债券折价		4 800
现金		416 000

9.（1）2012 年 1 月 1 日发行可转换公司债券。

借：现金	97 000	
应付债券折价	3 000	
贷：应付债券		100 000

（2）2012 年 7 月 1 日，支付债券利息并摊销债券折价。

支付利息 = \$100 000 × 6% × 1/2 = \$3 000

折价摊销 = \$3 000 ÷ 30 = \$100

借：利息费用	3 100	
贷：应付债券折价		100
现金		3 000

（3）2012 年 12 月 31 日，调整债券应计利息并摊销债券折价。

借：利息费用　　3 100

　　贷：应付债券折价　　100

　　　　应付利息　　3 000

（4）2013 年 1 月 1 日，支付债券利息。

借：应付利息　　3 000

　　贷：现金　　3 000

（5）2013 年 1 月 2 日，可转换公司债券全部转换为普通股股票。

转为普通股面值 = \$100 000/ \$1 000 × 800 × \$1 = \$80 000

借：应付债券　　100 000

　　贷：应付债券折价　　2 800

　　　　普通股　　80 000

　　　　增收资本——普通股　　17 200

10.（1）$\frac{\text{每年相等的还款额}}{} = \frac{\text{负债现值}}{\text{年金现值系数}（n=4,\ i=10\%）} = \frac{\$500\ 000}{3.169\ 87} = \$157\ 735$

（2）分期还款利息计算表

年份	年初借款余额 (1)	利息 (2) = (1) × 10%	每年还款额 (3)	本金 (4) = (3) − (2)	年末借款余额 (5) = (1) − (4)
2013	\$500 000	\$50 000	\$157 735	\$107 735	\$392 265
2014	392 265	39 226	157 735	118 509	273 756
2015	273 756	27 375	157 735	130 360	143 396
2016	143 396	14 339	157 735	143 396	0
合计	—	\$130 940	\$630 940	\$500 000	—

（3）上述业务的会计分录如下：

① 借款时：

借：现金　　500 000

　　贷：应付长期抵押票据　　500 000

② 第一年末还款时：

借：利息费用　　50 000

　　应付长期抵押票据　　107 735

贷：现金 157 735

③ 第二年末还款时：

借：利息费用 39 226

应付长期抵押票据 118 509

贷：现金 157 735

以后各年末还款的会计处理同上。

11. （1）由于租赁期超过了租赁资产预计经济寿命的 75%（4 年/5 年 = 80% >75%），因而，此项租赁合同为资本租赁。

租赁资产的现值 = \$301 921 ×4 年 8% 的年金现值系数

= \$301 921 ×3. 312 127 = \$1 000 000

（2）有关的会计分录：

① 租赁开始日。

借：租赁权 1 000 000

贷：租赁负债 1 000 000

② 第一年末支付租金。

利息费用 = \$1 000 000 ×8% = \$80 000

借：利息费用 80 000

租赁负债 221 921

贷：现金 301 921

每年摊销额 =（\$1 000 000 – \$150 000）/4 = \$212 500

借：摊销费用 212 500

贷：租赁权 212 500

③ 第二年末支付租金。

利息费用 =（\$1 000 000 – \$221 921）×8% = \$62 246

借：利息费用 62 246

租赁负债 239 675

贷：现金 301 921

借：摊销费用 212 500

贷：租赁权 212 500

12. （1）有关会计分录如下：

① 2012 年 4 月 1 日购入公司债券时。

借：长期债权投资——格林公司债券 98 000

　　贷：现金 98 000

② 2012 年 10 月 1 日收到利息时。

收到利息 = \$100 000 ×6% ×1/2 = \$3 000

摊销折价 = \$2 000 ÷10 = \$200

借：现金 3 000

　　长期债权投资——格林公司债券 200

　　贷：投资收益——利息收入 3 200

③ 2012 年 12 月 31 日调整利息收入时。

借：应收利息 1 500

　　长期债权投资——格林公司债券 100

　　贷：投资收益——利息收入 1 600

④ 2013 年 4 月 1 日收到利息时。

借：现金 3 000

　　长期债权投资——格林公司债券 100

　　贷：应收利息 1 500

　　　　投资收益——利息收入 1 600

（2）2012 年的资产负债表中，长期债权投资的列报金额为 \$98 300（\$98 000 + \$200 + \$100）；收益表中长期债权投资收益的列报金额为 \$4 800（\$3 200 + \$1 600）。

14. （1）长期债权投资溢价摊销表（实际利率法）单位：\$

日期	收到利息（1） =到期值 ×4%	实际利息收入（2） =（4）×3%	溢价摊销（3） =（1）－（2）	长期债权投资账面价值（4） =期初账面价值 －（3）
2012. 03. 31				216 000
2012. 09. 30	8 000	6 480	1 520	214 480
2013. 03. 31	8 000	6 434	1 566	212 914
2013. 09. 30	8 000	6 387	1 613	211 301
2014. 03. 31	8 000	6 339	1 661	209 640
2014. 09. 30	8 000	6 289	1 711	207 929

（2）相关的会计分录如下：

① 2012 年 3 月 31 日购入公司债券时。

借：长期债权投资——利迈公司债券 216 000

贷：现金 216 000

② 2012 年 9 月 30 日收到利息时。

借：现金 8 000

贷：长期债权投资——利迈公司债券 1 520

投资收益——利息收入 6 480

③ 2012 年 12 月 31 日调整利息收入时。

借：应收利息 4 000（$8 000/2）

贷：长期债权投资——利迈公司债券 783（$1 566/2）

投资收益——利息收入 3 217（$6 434/2）

④ 2013 年 3 月 31 日收到利息时。

借：现金 8 000

贷：应收利息 4 000

长期债权投资——利迈公司债券 783

投资收益——利息收入 3 217

（3）2014 年 10 月 1 日以 104.5 的价格提前出售投资。

由溢价摊销表可见，出售投资时，长期债权投资的账面价值为 $207 929，出售债券的利得或损失计算如下：

出售债券净得现金（$200 000×104.5%） $209 000

长期债权投资账面价值207 929

债权投资出售利得 $1 071

则提前收回债券投资的会计分录如下：

借：现金 209 000

贷：长期债权投资——利迈公司债券 207 929

债权投资出售利得 1 071

第十章 股东权益

一、判断题

1	2	3	4	5	6	7	8	9	10	11	12	13	14	15
×	√	√	×	×	×	√	√	×	×	×	√	×	√	×

二、单项选择题

1	2	3	4	5	6	7	8	9	10	11	12	13	14	15
C	C	C	C	A	D	D	B	C	C	A	D	B	A	D

三、多项选择题

1	2	3	4	5	6	7	8	9	10
ABC	AB	ABCD	AD	CD	ABD	ABCD	AB	AD	BC

四、计算分析及会计处理题

1. （1）借：现金　5 200 000
　　贷：普通股　1 000 000
　　　　增收资本——超面值部分　4 200 000

（2）借：设备　400 000
　　贷：普通股　400 000

（3）借：库存股份　100 000
　　贷：现金　100 000

借：现金　28 000
　　贷：库存股份　25 000
　　　　增收资本——出售库存股份　3 000

（4）6 月 8 日借：应收认股款　4 500 000
　　贷：认购普通股　3 000 000
　　　　增收资本—超面值部分　1 500 000

12 月 16 日借：现金　4 500 000
　　贷：应收认股款　4 500 000

2 月 2 日借：认购普通股　3 000 000
　　贷：普通股　3 000 000

2. 1 月 5 日不做会计分录

1 月 28 日借：留存收益　800 000
　　贷：应付股利　800 000

2 月 14 日借：应付股利　800 000

贷：现金　800 000

9 月 10 日借：留存收益　1 400 000（=400 000×10% ×$35）

贷：可分配普通股股利　800 000（=400 000×10% ×$20）

增收资本——超面值部分　600 000

10 月 20 日借：可分配普通股股利　800 000

贷：普通股　800 000

3. 公司优先股每年固定股利额 =10 000 × $0.50 = $5 000

（1）优先股股利 = $5 000×3 = $15 000 普通股股利 = $28 000 -15 000 = $13 000

（2）优先股股利 = $5 000 普通股股利 = $28 000 -5 000 = $23 000

4.（1）借：现金　32 000 000

贷：普通股　32 000 000

（2）借：现金　32 000 000

贷：普通股　320 000

增收资本——超面值部分　31 680 000

（3）借：现金　6 000 000

贷：普通股　6 000 000

（4）借：设备　400 000

厂房　1 200 000

贷：普通股　1 500 000

增收资本——超面值部分　100 000

（5）借：现金　2 200 000

贷：优先股　2 000 000

增收资本——超面值部分　200 000

（6）借：现金　2 100 000

贷：优先股　2 000 000

增收资本——超面值部分　100 000

5. 4 月 1 日借：库存股份　250 000

贷：现金　250 000

7 月 20 日借：现金　130 000

贷：库存股份　100 000

增收资本——出售库存股份　30 000

10 月 9 日借：现金　38 000

增收资本——出售库存股份　12 000

贷：库存股份 50 000

12 月 6 日借：普通股 20 000

增收资本 75 000

留存收益 5 000

贷：库存股份 100 000

6.

12 月 27 日

（1）借：留存收益 10 000

贷：应付股利 10 000

（2）借：留存收益 65 000

贷：可分配普通股股利 12 500

增收资本——超面值部 52 500

（3）借：留存收益 75 000

贷：可分配普通股股利 75 000

次年 1 月 15 日

借：应付股利 10 000

贷：现金 10 000

借：可分配普通股股利 12 500

贷：普通股 12 500

借：可分配普通股股利 75 000

贷：普通股 75 000

7.

	之前	50% 股票股利之后	2 对 3 股票分拆之后
发行在外股数	20 000	30 000	30 000
每股面值	$1	$1	$0. 67
每股账面价值	$13	$8. 67	$8. 67
股东权益			
普通股	$20 000	$30 000	$20 000
增收资本	180 000	180 000	180 000
留存收益	60 000	50 000	60 000
股东权益合计	$260 000	$260 000	$260 000

8. （1）借：收益汇总　114 000
　　贷：留存收益　114 000

（2）借：留存收益　41 000
　　贷：现金　41 000

（3）借：留存收益　10 000
　　贷：应付所得税　10 000

（4）不做账。做分拨留存收益的备忘记录。

某公司 2013 年留存收益表

期初留存收益，2013 年 1 月 1 日	$390 000
减：前期错误的更正	10 000
调整后余额	$380 000
加：净收益	114 000
减：现金股利	（41 000）
期末留存收益，2013 年 12 月 31 日	$453 000

9. （1）1 月 22 日借：现金　14 000
　　贷：普通股　1 000
　　　增收资本——超面值部分　13 000

（2）8 月 4 日借：留存收益　900
　　贷：应付股利　900

（3）8 月 24 日借：应付股利　900
　　贷：现金　900

（4）10 月 9 日借：留存收益　12 500 =（24 000 + 1 000）×50% × $1
　　贷：可分配普通股股利　12 500

（5）11 月 9 日借：库存股份　9 600
　　贷：现金　9 600

（6）12 月 8 日借：现金　9 000
　　贷：库存股份　7 200
　　　增收资本——出售库存股份　1 800

（7）12 月 10 日借：可分配普通股股利　12 500
　　贷：普通股　12 500

（8）借：收益汇总　　66 000

　　贷：留存收益　　66 000

某公司 2013 年 12 月 31 日资产负债表的股东权益部分

股东权益	
累积优先股，每股股利 \$5，面值 \$100	\$18 000
普通股	37 500
增收资本	397 800
留存收益	242 600
小计	695 900
减：库存股份（200 股，按成本计）	(2 400)
股东权益合计	\$693 500

10. 当年发行在外普通股加权平均股数 = 120 000 × 2 /12 + 119 000 × 3/12 + 132 000 × 5/12 + 126 000 × 2/12 = 125 750 股

（1）当期净收益 = \$371 885 + 69 160 − 49 510 = \$391 535

优先股股利 = \$2. 50 × 5 000 = \$12 500

属于普通股股东的当期净收益 = \$391 535 − 12 500 = \$379 035

基本的每股收益 = \$379 035 ÷ 125 750 股 = \$3. 01

（2）优先股可以转换为 7 500 股普通股（5 000 ÷ 2 × 3）。

完全冲淡的每股收益 =（\$379 035 + 12 500）÷（125 750 + 7 500）= \$2. 94

11.（1）每股账面价值 =（\$1 580 000 − 10 000 × \$30）÷ 80 000 = \$16

（2）每股账面价值 =（\$1 580 000 − 250 000 − 10 000 × \$1. 50 × 2）÷ 80 000 = \$16. 25

12.（1）2012 年发行在外普通股加权平均股数 = 28 800 − 28 800 × 10% × 10/12 + 12 480 × 7/12 + 1 000 × 3/12 = 33 930 股

基本每股收益 = \$306 000 ÷ 33 930 = \$9. 02

（2）2013 年初发行在外普通股股数 = 28 800 − 28 800 × 10% + 12 480 + 1 000

=39 400 股

2013 年发行在外普通股加权平均股数 = 39 400 + 12 000 × 11/12 − 1 800 × 6/12

=49 500 股

基本每股收益 = \$565 000 ÷ 49 500 = \$11.41

13. （1）借：库存股份 280 000

贷：现金 280 000

（2）借：留存收益 144 000

贷：应付股利 144 000 =（100 000 − 20 000）× \$1.80

（3）借：应付股利 144 000

贷：现金 144 000

（4）借：现金 120 000

贷：库存股份 112 000

增收资本——出售库存股份 8 000

（5）借：现金 130 000

增收资本 8 000

留存收益 2 000

贷：库存股份 140 000

（6）借：留存收益 235 200

贷：应付股利 235 200 = 98 000 × \$2.40

发行在外股数 = 100 000 − 20 000 回购 + 18 000 再出售 = 98 000

（7）借：收益汇总 606 000

贷：留存收益 606 000

某公司 2013 年留存收益表

期初留存收益，2013 年 1 月 1 日	\$2 000 000
加：净收益	606 000
减：现金股利	（379 200）
出售库存股份	（2 000）
期末留存收益，2013 年 12 月 31 日	\$2 224 800

某公司 2013 年 12 月 31 日资产负债表的股东权益部分

股东权益	
普通股	$600 000
留存收益	2 224 800
小计	2 824 800
减：库存股份（2 000 股，按成本计）	(28 000)
股东权益合计	$2 796 800

普通股每股收益

当年发行在外普通股加权平均股数 = 100 000 − 20 000 × 9/12 + 8 000 × 6/12 + 10 000 × 3/12 = 91 500 股

基本的每股收益 = $606 000 ÷ 91 500 = $6.62

普通股每股账面价值 = $2 796 800 ÷ 98 000 = $28.54

14. (1) 不做账。发行在外股数增加到 300 000 股，每股面值降为 $10。

(2) 借：库存股份 560 000
　　贷：现金 560 000

(3) 借：留存收益 45 000
　　贷：应付股利 45 000

(4) 借：应付股利 45 000
　　贷：现金 45 000

(5) 借：现金 420 000
　　贷：库存股份 336 000
　　　　增收资本——出售库存股份 84 000

(6) 发行在外普通股股数 = 300 000 − 20 000 回购 + 12 000 再出售 = 292 000 股

新增股数 = 292 000 × 2% = 5 840 股，(少量分派) 股利额 = 5 840 × $32 = $186 880

借：留存收益 186 880
　　贷：可分配普通股股利 58 400 (= 5 840 × $10)
　　　　增收资本——超面值部分 128 480

(7) 借：可分配普通股股利 58 400
　　贷：普通股 58 400

(8) 借：收益汇总 150 000

贷：留存收益 150 000

第十一章　长期股权投资与合并财务报表

一、判断题

1	2	3	4	5	6	7	8	9	10
√	×	×	×	×	√	√	√	×	√

二、单项选择题

1	2	3	4	5	6	7	8	9	10
D	B	D	D	B	B	B	A	A	C

三、多项选择题

1	2	3	4	5	6	7	8	9	10
AD	ACD	ABD	ABD	AC	BCD	AB	ABCD	ABCD	AB

四、计算分析及会计处理题

1.（1）编制与长期股权投资业务相关的会计分录：

TS 公司外发普通股股数为 200 000 股，TP 公司购入 TS 公司的普通股份 10 000 股，占外发股份 5%，计划持有一年以上，属于可出售投资，后续计量采用公允价值。会计分录如下：

2013 年 4 月 5 日：

借：长期股权投资—对 TS 公司的普通股投资 350 000（$35 × 10 000）

　　贷：现金 350 000

2013 年 12 月 31 日：

借：综合收益—未实现股权投资损失 20 000（$2 × 10 000）

　　贷：长期股权投资—股权投资跌价备抵

收取现金股利：

借：现金 2 200

　　贷：投资收益 2 200

（2）2013 年 12 月 31 日的资产负债表：

资　　产		负　　债
……		
长期投资	350 000	……
长期股权投资—股权投资跌价备抵	（20 000）	股东权益：
长期投资（公允价值）		……
（\$350 000 - \$20 000）	330 000	累计其他全面收益
……		未实现股权投资损失（\$20 000）

2. RP 公司购买 RS 公司 40% 的普通股，对 RS 公司有重大影响的投资，会计处理应采用权益法，会计分录如下：

2013 年 1 月购买股份：

（1）编制与长期股权投资业务相关的会计分录

2013 年 12 月 31 日：

借：长期股权投资—对 RS 公司投资　　500 000

　　贷：现金　　500 000

登记投资收益：

借：长期股权投资—对 RS 公司投资　　100 000（\$250 000 × 40%）

　　贷：投资收益　　100 000

收取现金股利：

借：现金　　40 000

　　贷：长期股权投资—对 RS 公司投资　　40 000

（2）计算 2013 年 12 月 31 日资产负债表上对 RS 公司长期投资的账面价值：

\$400 000 + \$100 000 - \$40 000 = \$460 000

（3）2014 年 1 月 5 日，RP 公司以 \$50 000 出售所持 RS 公司 10% 的普通股份：

\$460 000 × 10% = \$46 000

借：现金　　50 000

　　贷：长期股权投资—对 RS 公司投资　　46 000

　　　　投资收益　　4 000

8. 假设商誉未发生减值，编制合并报表采用修正的实体法，计算 Y 公司及 YS 公司 2013 年 12 月 31 日的合并报表上以下项目的数额：

（1）股本 = \$1 800 000

（2）商誉 = \$700 000 –（\$600 000 + \$50 000）×80% = \$180 000

（3）留存收益 = \$800 000 –（\$300 000 + \$180 000）+ \$90 000 × 80% = \$992 000

（4）少数股东权益 =（\$600 000 + \$50 000）×20% +（\$90 000 – \$50 000）×20%
= \$138 000

（5）应付股利 = \$90 000 + \$25 000 ×20% = \$95 000

9. 计算合并产生的商誉步骤如下：

（1）XS 公司可识别净资产公允价值计算如下：

\$200 000 + \$250 000 + \$432 000 + \$2 470 000 – \$70 000 = \$3 282 000

（2）扣减累积优先股积欠股利和赎回价值后可识别净资产：

\$3 282 000 – \$600 000（赎回价值）= \$2 682 000

（3）商誉 = \$2 782 000 – \$2 682 000 = \$100 000

第十二章 现金流量表

一、判断题

1	2	3	4	5	6	7	8	9	10	11	12	13	14	15
√	×	√	√	×	√	×	√	×	√	×	√	√	×	×

二、单项选择题

1	2	3	4	5	6	7	8
C	D	C	B	B	D	B	D
9	10	11	12	13	14	15	
D	B	C	A	A	D	B	

三、多项选择题

1	2	3	4	5	6	7	8	9	10
ABCD	ABC	ABD	BD	ACD	AC	AB	ABC	ACD	ABCD

四、计算分析及会计处理题

1. 购货支出 = 销售成本 1 200 000 + 应付账款减少额 90 000 – 存货减少额 51 000
= $1 239 000

营业费用支出 = 不含折旧的营业费用 276 000 – 应计营业费用减少额 15 000 + 预付费用增加额 6 000 = $267 000

2.

麦克思公司 2013 年现金流量表

营业活动的现金流量：		
从客户手中收到的现金	$629 700	
购货支出	(341 800)	
营业费用支出	(75 300)	
利息支出	(12 000)	
所得税支出	(64 100)	
营业活动现金净流量		$136 500
投资活动的现金流量		
出售投资获取的现金	$65 000	
设备购置支出	(157 000)	
投资活动现金净流量		(92 000)
筹资活动的现金流量		
发行普通股获取的现金	$75 000	
股利支出	(28 000)	
赎回公司债支出	(100 000)	
筹资活动现金净流量		(53 000)
现金减少额		($8 500)
现金期初余额		53 500
现金期末余额		$45 000

3. 从客户手中收回的现金 = 销售收入 100 000 + 应收账款减少额 4 000
= $104 000

购货支出 = 销售成本 90 000 + 应付账款减少额 3 000 – 存货减少额 4 000
= $89 000

4. 直接法下：

投资活动所提供的现金：购置设备支出为 $7 500，出售设备收取的现金为 $3 600。

间接法下：

营业活动所提供的现金：折旧费用 $1 800 和出售设备损失 $500 加回到净收益中。

投资活动所提供的现金部分同直接法。

5. 营业活动现金流量：(1)，(2)，(5)，(6)，(9)

投资活动现金流量：(7)，(10)

筹资活动现金流量：(3)，(4)，(12)

不涉及现金的重大投资或筹资活动：(8)，(11)

6. 加计到净收益：(1)，(2)，(5)，(6)，(7)，(9)，(11)

从净收益中扣除：(3)，(4)，(8)，(10)，(12)

7. 营业活动所提供的现金：

净收益		$25 000
非现金损益及与营业活动无关的收益表项目：		
折旧费用	$12 000	
出售土地损失	5 000	17 000
营运资本项目变动：		
非现金流动资产的增加	($17 000)	
流动负债的减少	(22 000)	(39 000)
营业活动所提供的现金		$3 000

8.

飞轮公司2013年现金流量表（直接法）

营业活动的现金流量：		
从客户手中收到的现金	$214 600	
收取的利息	7 400	
购货支出	(64 400)	
工薪支出	(31 300)	
其他营业费用支出	(13 400)	
利息支出	(12 100)	
所得税支出	(27 900)	
营业活动现金净流量		$72 900

飞轮公司 2013 年现金流量表（间接法）

营业活动的现金流量：		
净收益	$68 000	
非现金损益及与营业活动无关的收益表项目：		
折旧费用	4 000	
营运资本项目变动：		
应收账款减少	1 600	
应收利息增加	(1 200)	
存货减少	3 600	
预付费用增加	(600)	
应付账款增加	2 600	
应付利息减少	(500)	
应付工薪减少	(3 500)	
应付所得税增加	1 200	
其他应计负债减少	(2 300)	
营业活动现金净流量		$72 900

9.

菲利公司 2013 年现金流量表（间接法）

营业活动的现金流量：		
净收益	$56 200	
非现金损益及与营业活动无关的收益表项目：		
折旧费用	13 400	
出售土地损失	6 700	
营运资本项目变动：		
应收账款减少	2 400	
应收利息减少	700	
存货增加	(8 400)	
预付费用增加	(900)	
应付账款增加	2 100	
应付利息增加	800	
应付工薪减少	(1 700)	

续表

应付所得税减少	(700)	
其他应计负债减少	(1 500)	
营业活动现金净流量		$69 100
投资活动的现金流量		
购买长期投资支付现金	($4 900)	
出售土地收到现金	46 900	
投资活动现金净流量		42 000
筹资活动的现金流量		
偿还长期应付票据	($61 000)	
发行普通股收取现金	3 900	
股利支出	(38 100)	
筹资活动现金净流量		(95 200)
现金增加额		$15 900
现金期初余额		8 600
现金期末余额		$24 500

重大非现金性投资和筹资活动：

（1）发行应付长期票据 $14 300 换取设备；

（2）发行普通股 $4 700 偿还短期应付票据。

10.

亚峰公司 2013 年现金流量表（直接法）

营业活动的现金流量：		
从客户手中收到的现金	$271 000	
收取的利息	10 000	
收取的股利	9 000	
购货支出	(113 000)	
工薪支出	(58 000)	
其他营业费用支出	(20 000)	
利息支出	(16 000)	
所得税支出	(15 000)	
营业活动现金净流量		$68 000

续表

投资活动的现金流量		
取得长期投资获取现金	($11 000)	
购置固定资产支出	(306 000)	
出售固定资产收取现金	62 000	
投资活动现金净流量		(255 000)
筹资活动的现金流量		
发行普通股获取的现金	$101 000	
股利支出	(17 000)	
借入长期负债收取现金	83 000	
筹资活动现金净流量		167 000
现金减少额		($20 000)
现金期初余额		42 000
现金期末余额		$22 000

11.

某公司 2013 年现金流量表（间接法）

营业活动的现金流量：		
净收益	$511 600	
非现金损益及与营业活动无关的收益表项目：		
折旧和摊销费用	107 000	
营运资本项目变动：		
应收账款减少	3 200	
存货增加	(26 600)	
预付费用减少	400	
应付账款减少	(12 200)	
应付工薪增加	800	
营业活动现金净流量		$584 200

12.（1）发行股票，换取一块土地；

（2）应付债券转换为普通股；

（3）发行股票股利；

（4）以办公楼抵债；

（5）设备以旧换新。

13.

动感公司 2013 年现金流量表（间接法）

营业活动的现金流量：		
净收益	$120 300	
非现金损益及与营业活动无关的收益表项目：		
折旧费用	51 000	
出售设备损失	6 600	
债券赎回损失	1 650	
营运资本项目变动：		
应收账款减少	11 400	
存货增加	(19 050)	
预付费用增加	(3 900)	
应付账款减少	(9 900)	
应付所得税增加	1 350	
营业活动现金净流量		$159 450
投资活动的现金流量		
购置设备支付现金	($21 000)	
出售设备收到现金	13 950	
投资活动现金净流量		(7 050)
筹资活动的现金流量		
偿还应付公司债	($76 650)	
股利支出	(37 500)	
筹资活动现金净流量		(114 150)
现金增加额		$38 250
现金期初余额		47 850
现金期末余额		$86 100

动感公司 2013 年现金流量表（直接法）

营业活动的现金流量：		
从客户手中收到的现金	$903 600	
购货支出	(473 550)	
其他营业费用支出	(244 500)	
所得税支出	(26 100)	
营业活动现金净流量		$159 450
投资活动的现金流量		
购置设备支付现金	($21 000)	
出售设备收到现金	13 950	
投资活动现金净流量		(7 050)
筹资活动的现金流量		
偿还应付公司债	($76 650)	
股利支出	(37 500)	
筹资活动现金净流量		(114 150)
现金增加额		$38 250
现金期初余额		47 850
现金期末余额		$86 100

14.

福田公司 2013 年现金流量表（间接法） （单位：百万美元）

营业活动的现金流量：	
净收益	$12
非现金损益及与营业活动无关的收益表项目：	
折旧费用	3
出售设备损失	2
出售土地利得	(8)
营运资本项目变动：	
应收账款增加	(2)
存货减少	4
预付费用减少	3
应付账款增加	6

续表

应付工薪增加	2	
应付所得税减少	(2)	
公司债折价摊销	2	
营业活动现金净流量		$22
投资活动的现金流量		
购买短期投资支付现金	($12)	
购买土地支付现金	(30)	
出售土地收取现金	18	
出售设备收到现金	5	(19)
投资活动现金净流量		
筹资活动的现金流量		
偿还应付公司债	($15)	
发行股票收取现金	26	
股利支出	(5)	6
筹资活动现金净流量		
现金增加额		$9
现金期初余额		20
现金期末余额		$29

福田公司 2013 年现金流量表（直接法）（单位：百万美元）

营业活动的现金流量：		
从客户手中收到的现金	$98	
投资回报收到的现金	3	
购货支出	(50)	
工薪支出	(11)	
其他营业费用支出	(4)	
利息支出	(3)	
所得税支出	(11)	
营业活动现金净流量		$22
投资活动的现金流量		
购买短期投资支付现金	($12)	

续表

购买土地支付现金	(30)	
出售土地收取现金	18	
出售设备收到现金	5	(19)
投资活动现金净流量		
筹资活动的现金流量		
偿还应付公司债	($15)	
发行股票收取现金	26	
股利支出	(5)	6
筹资活动现金净流量		
现金增加额		$9
现金期初余额		20
现金期末余额		$29

第十三章　财务报表的使用与分析

一、判断题

1	2	3	4	5	6	7	8	9	10
√	√	×	×	×	√	×	√	√	√

二、单项选择题

1	2	3	4	5	6	7	8	9	10
A	A	B	B	B	B	A	B	D	B

三、多项选择题

1	2	3	4	5	6	7	8	9	10
ABCD	ABD	ABC	ABD	BCD	ABD	BCD	CD	ABCD	BCD

四、计算分析题

1. 以 2009 年为基期，泰德家具公司 5 年来的销售收入与净收益变动定比计算：

	2013	2012	2011	2010	2009
销售收入	1.68	1.46	1.21	1.16	1
净收益	2.114 3	1.885 7	1.657 1	1.200	1

销售收入平均增长＝(1.68＋1.46＋1.21＋1.16)÷4＝1.377 5，

2014 年销售预测：$840 000×1.377 5＝$1 157 100

净收益平均增长＝(2.114 3＋1.885 7＋1.657 1＋1.200 0)÷4＝1.835，

2014 净收益年预测：$7 400×1.714 275＝$12 685

2. 以下是 2013 与 2012 的比较共同比损益表：

	2013	2012
销售收入		
销售成本	66%	67%
销售毛利	34	33
营业费用：		
销售费用	16	17.75
行政管理费用	12	10.15
税前收益	6	4.00
所得税	1.2	0.80
净收益	4.8	3.20

分析：2013 年销售净利润率由 2012 年的 3.20% 提高到 4.80%，主要贡献是由于销售成本的控制，使毛利率提高 1%，占比重较大的销售费用降低了 1.75%。虽然行政管理费用和所得税费的比重与 2012 年相比有所增高，但由于占销售额的比例比较小，影响不大。

4. (1) 根据上述资料计算凯利公司的以下财务比率：

存货周转率＝$1 855 000÷$353 000＝5.255

应收账款周转率＝$2 800 000÷$320 000＝8.75

销售毛利＝($2 800 000—$1 855 000)÷$2 800 000＝33.75%

资产报酬率＝$159 000÷$1 800 000＝8.83%

股东权益报酬率＝$159 000÷$795 000＝20%

（2）因为息税前资产报酬率为 16%，高于 12% 的长期借款年利息率，且利息费用是应税收益的扣减项目，所以凯利公司以 12% 的年利息率取得长期借款扩大经营规模是有利于股东利益的。息税前资产报酬率计算如下：

息税前资产报酬率 =（$159 000 + $84 000 + $45 000）÷ $1 800 000 = 16%

12. 根据题中所给的比较资产负债表和 2013 年度损益表资料计算的 2013 年的相应比率如 2013 年度栏：

相关比率	2011	2012	2013	2013（行业平均）
流动比率	1.71	1.65	1.53	1.70
速动比率	0.92	0.89	0.84	0.94
平均收账期	60 天	60 天	66 天	65 天
存货周转率	4.20	3.90	3.65	4.50
总资产周转率	1.40	1.35	1.37	1.38
负债比率	59.20%	61.00%	76.42%	60.00%
利息保障倍数	4.20	3.70	2.78	4.75
毛利率	25.00%	23.00%	20%	22.40%
营业利润率	12.50%	12.70%	13.3%	12.50%
净利润率	6.10%	6.00%	5.97%	6.50%
总资产报酬率	8.54%	8.15%	8.19%	8.90%
股东权益报酬率	20.93%	20.73%	29.69%	22.26%

通过相应比率与 2011、2012 及行业平均数据比较分析解释：

流动比率、速动比率、平均收账期、存货周转率、总资产周转率等比较，2013 年短期偿债能力比以往年度及行业平均水平低，流动资产的管理及全部资产的管理效率都较差，虽然毛利率比以往年度及行业平均水平低，但由于费用控制比较好，营业利润率反而高于往年及行业平均水平。2013 利息保障倍数低于往年和行业平均水平，负债比率大大高于往年和行业平均水平，表明 2013 年度偿债能力下降。尽管净利润率低于往年及行业平均水平，总资产报酬率低于 2011 和行业平均水平，但由于财务杠杆作用，股东权益报酬率远远高于往年及行业平均水平。由于负债比例高，利息保障倍数较低，该公司又是经营计算机及相关产品，管理层和报表使用者应关注该公司的财务风险。

13.（1）投资报酬率可以用总资产报酬率，也可用所有者权益报酬率，认为戴维斯倾向于用所有者权益报酬率，因为所有者权益报酬率比总资产报酬率高。

（2）所有者权益报酬率为：（305 800 + 333 300）÷ 2 = 319 550

所有者权益报酬率 = 59 400 ÷ 319 550 = 18.59%

总资产报酬率：（440 000 + 577 500）÷ 2 = 508 750

总资产报酬率 =（59 400 + 4 700）÷ 508 750 = 12.60%